DAS KOMPLETTE
JERUSALEM-KOCHBUCH

100 geschmackvolle Rezepte aus dem Herzen des Nahen Ostens.
Entdecken Sie die reichen und vielfältigen kulinarischen
Traditionen Jerusalems

Beate Busch

INHALTSVERZEICHNIS

EINFÜHRUNG

Das Jerusalem-Kochbuch nimmt Sie mit auf eine kulinarische Reise ins Herz des Nahen Ostens, wo Sie die reichen und vielfältigen Aromen Jerusalems entdecken. Mit 100 geschmackvollen Rezepten ist dieses Kochbuch eine Hommage an die kulinarischen Traditionen der Stadt, von Streetfood bis hin zu hausgemachten Gerichten.

Zu jedem Rezept gibt es ein farbiges Bild, das die lebendigen und farbenfrohen Gerichte zeigt, die das Markenzeichen der Jerusalemer Küche sind. Mit 100 farbigen Bildern, eines für jedes Rezept, können Sie die Schönheit und Komplexität jedes Gerichts und seine Präsentation sehen.

Die Rezepte im Das komplette jerusalem-kochbuchspiegeln das multikulturelle Erbe der Stadt mit Einflüssen jüdischer, arabischer und christlicher Traditionen wider. Von Mezze-Platten und herzhaften Eintöpfen bis hin zu süßem und herzhaftem Gebäck – in diesem Kochbuch ist für jeden etwas dabei.

Außerdem finden Sie Rezepte für traditionelle palästinensische Gerichte wie Maqluba und Musakhan sowie beliebte israelische Gerichte wie Falafel und Shakshuka. Das Jerusalem-Kochbuch enthält auch einen Abschnitt über Gewürzmischungen und Gewürze, die für die Küche Jerusalems unerlässlich sind, wie z. B. Za'atar und Tahini.

Zusätzlich zu den Rezepten bietet das Das komplette jerusalem-kochbuch einen Einblick in die lebendige Esskultur der Stadt mit Geschichten und Anekdoten von Einheimischen und Lebensmittelexperten. Egal, ob Sie ein erfahrener Koch oder ein Neuling in der Küche sind, dieses Kochbuch entführt Sie in die Straßen Jerusalems und inspiriert Sie, die vielfältige und köstliche Küche zu erkunden

GEMÜSE

1. Geröstete Süßkartoffeln und frische Feigen

Macht: 4

ZUTATEN

- 4 kleine Süßkartoffeln (insgesamt 2¼ Pfund / 1 kg)
- 5 EL Olivenöl
- 3 EL / 40 ml Balsamico-Essig (Sie können einen handelsüblichen statt eines Premium-Essigs verwenden)
- 1½ EL / 20 g feinster Zucker
- 12 Frühlingszwiebeln, der Länge nach halbiert und in 4 cm große Stücke geschnitten
- 1 rote Chilischote, in dünne Scheiben geschnitten
- 6 reife Feigen (insgesamt 8½ oz / 240 g), geviertelt
- 5 oz / 150 g weicher Ziegenkäse (optional)
- Maldon-Meersalz und frisch gemahlener schwarzer Pfeffer

ANWEISUNGEN

a) Heizen Sie den Ofen auf 475 °F / 240 °C vor.

b) Waschen Sie die Süßkartoffeln, halbieren Sie sie der Länge nach und schneiden Sie dann jede Hälfte noch einmal in ebenso lange Stücke. Mit 3 Esslöffeln Olivenöl, 2 Teelöffeln Salz und etwas schwarzem Pfeffer vermischen. Die Spalten mit der Hautseite nach unten auf einem Backblech ausbreiten und etwa 25 Minuten kochen, bis sie weich, aber nicht matschig sind. Aus dem Ofen nehmen und abkühlen lassen.

c) Für die Balsamico-Reduktion Balsamico-Essig und Zucker in einen kleinen Topf geben. Zum Kochen bringen, dann die Hitze reduzieren und 2 bis 4 Minuten köcheln lassen, bis die Masse eindickt. Nehmen Sie die Pfanne unbedingt vom Herd, wenn der Essig noch flüssiger als Honig ist. Beim Abkühlen wird es weiter dicker. Vor dem Servieren einen Tropfen Wasser unterrühren, falls es zu dick wird, um zu beträufeln.

d) Die Süßkartoffeln auf einer Servierplatte anrichten. Das restliche Öl in einem mittelgroßen Topf bei mittlerer Hitze erhitzen und die Frühlingszwiebeln und Chili hinzufügen. 4 bis 5 Minuten braten, dabei häufig umrühren, um sicherzustellen, dass das Chili nicht anbrennt. Öl, Zwiebeln und Chili über die Süßkartoffeln geben. Die Feigen auf die Spalten verteilen und dann mit der Balsamico-Reduktion beträufeln. Bei Zimmertemperatur servieren. Den Käse darüberbröckeln, falls verwendet.

2. Na'amas Fattoush

Macht: 6

ZUTATEN

- 1 Tasse / 200 g griechischer Joghurt und ¾ Tasse plus 2 EL / 200 ml Vollmilch oder 1⅔ Tassen / 400 ml Buttermilch (ersetzt sowohl Joghurt als auch Milch)
- 2 große altbackene türkische Fladenbrote oder Naan (insgesamt 250 g)
- 3 große Tomaten (insgesamt 13 oz/380 g), in ⅔-Zoll/1,5 cm große Würfel geschnitten
- 100 g Radieschen, in dünne Scheiben geschnitten
- 3 libanesische Gurken oder Minigurken (insgesamt 250 g), geschält und in 1,5 cm große Würfel geschnitten
- 2 Frühlingszwiebeln, in dünne Scheiben geschnitten
- ½ oz / 15 g frische Minze
- 1 oz / 25 g glatte Petersilie, grob gehackt
- 1 EL getrocknete Minze
- 2 Knoblauchzehen, zerdrückt
- 3 EL frisch gepresster Zitronensaft
- ¼ Tasse / 60 ml Olivenöl, plus etwas zum Beträufeln
- 2 EL Apfel- oder Weißweinessig
- ¾ TL frisch gemahlener schwarzer Pfeffer
- 1½ TL Salz
- 1 EL Sumach oder mehr nach Geschmack zum Garnieren

ANWEISUNGEN

a) Wenn Sie Joghurt und Milch verwenden, beginnen Sie mindestens 3 Stunden und bis zu einem Tag im Voraus, indem Sie beides in eine Schüssel geben. Gut verquirlen und an einem kühlen Ort oder im Kühlschrank stehen lassen, bis sich auf der Oberfläche Blasen bilden. Was man bekommt, ist eine Art hausgemachte Buttermilch, aber weniger sauer.

b) Das Brot in mundgerechte Stücke reißen und in eine große Rührschüssel geben. Fügen Sie Ihre fermentierte Joghurtmischung oder handelsübliche Buttermilch hinzu, gefolgt von den restlichen Zutaten, vermischen Sie alles gut und lassen Sie es 10 Minuten lang ruhen, damit sich alle Aromen verbinden.

c) Den Fattoush in Servierschüsseln füllen, mit etwas Olivenöl beträufeln und großzügig mit Sumach garnieren.

3. Babyspinatsalat mit Datteln und Mandeln

Macht: 4

ZUTATEN

- 1 EL Weißweinessig
- ½ mittelgroße rote Zwiebel, in dünne Scheiben geschnitten
- 100 g entkernte Medjool-Datteln, der Länge nach geviertelt
- 2 EL / 30 g ungesalzene Butter
- 2 EL Olivenöl
- 2 kleine Pitas, ca. 100 g, grob in 4 cm große Stücke gerissen
- ½ Tasse / 75 g ganze, ungesalzene Mandeln, grob gehackt
- 2 TL Sumach
- ½ TL Chiliflocken
- 150 g Babyspinatblätter
- 2 EL frisch gepresster Zitronensaft
- Salz

ANWEISUNGEN

a) Essig, Zwiebel und Datteln in eine kleine Schüssel geben. Eine Prise Salz hinzufügen und mit den Händen gut vermischen. 20 Minuten marinieren lassen, dann den restlichen Essig abgießen und entsorgen.

b) In der Zwischenzeit die Butter und die Hälfte des Olivenöls in einer mittelgroßen Bratpfanne bei mittlerer Hitze erhitzen. Pita und Mandeln hinzufügen und 4 bis 6 Minuten unter ständigem Rühren kochen, bis das Pita knusprig und goldbraun ist. Vom Herd nehmen und Sumach, Chiliflocken und ¼ Teelöffel Salz untermischen. Zum Abkühlen beiseite stellen.

c) Wenn Sie zum Servieren bereit sind, vermengen Sie die Spinatblätter mit der Pita-Mischung in einer großen Rührschüssel. Datteln und rote Zwiebeln, das restliche Olivenöl, den Zitronensaft und eine weitere Prise Salz hinzufügen. Zum Würzen abschmecken und sofort servieren.

4. Gebratene Auberginen mit Röstzwiebeln

Macht: 4

ZUTATEN
- 2 große Auberginen, der Länge nach mit Stiel halbiert (insgesamt ca. 750 g)
- ⅔ Tasse / 150 ml Olivenöl
- 4 Zwiebeln (insgesamt ca. 550 g), in dünne Scheiben geschnitten
- 1½ grüne Chilis
- 1½ TL gemahlener Kreuzkümmel
- 1 TL Sumach
- 1¾ oz / 50 g Feta-Käse, in große Stücke gebrochen
- 1 mittelgroße Zitrone
- 1 Knoblauchzehe, zerdrückt
- Salz und frisch gemahlener schwarzer Pfeffer

ANWEISUNGEN

a) Heizen Sie den Ofen auf 220 °C vor.

b) Die Schnittseite jeder Aubergine kreuz und quer einritzen. Die Schnittflächen mit 6½ EL / 100 ml Öl bestreichen und großzügig mit Salz und Pfeffer bestreuen. Mit der Schnittfläche nach oben auf ein Backblech legen und etwa 45 Minuten im Ofen rösten, bis das Fruchtfleisch goldbraun und vollständig gegart ist.

c) Während die Auberginen rösten, das restliche Öl in eine große Bratpfanne geben und bei starker Hitze erhitzen. Fügen Sie die Zwiebeln und ½ Teelöffel Salz hinzu und kochen Sie es 8 Minuten lang unter häufigem Rühren, damit Teile der Zwiebel richtig dunkel und knusprig werden. Die Chilis entkernen und hacken, dabei die ganze von der Hälfte trennen. Den gemahlenen Kreuzkümmel, Sumach und die gesamte gehackte Chilischote hinzufügen und weitere 2 Minuten kochen lassen, bevor man den Feta hinzufügt. Eine letzte Minute kochen lassen, dabei nicht viel umrühren, dann vom Herd nehmen.

d) Entfernen Sie mit einem kleinen gezackten Messer die Schale und das Mark der Zitrone. Das Fruchtfleisch grob hacken, die Kerne entfernen und das Fruchtfleisch und den Saft zusammen mit der restlichen halben Chilischote und dem Knoblauch in eine Schüssel geben.

e) Stellen Sie die Schüssel zusammen, sobald die Auberginen fertig sind. Geben Sie die gerösteten Hälften in eine Servierschüssel und löffeln Sie die Zitronensauce über das Fruchtfleisch. Die Zwiebeln etwas erwärmen und darüber löffeln. Warm servieren oder beiseite stellen, damit es Zimmertemperatur annimmt.

5. Gerösteter Butternusskürbis mit Za'atar

Macht: 4

ZUTATEN

- 1 großer Butternusskürbis (insgesamt 2½ lb / 1,1 kg), in ¾ x 2½ Zoll / 2 x 6 cm große Keile geschnitten
- 2 rote Zwiebeln, in 3 cm große Spalten geschnitten
- 3½ EL / 50 ml Olivenöl
- 3½ EL helle Tahinipaste
- 1½ EL Zitronensaft
- 2 EL Wasser
- 1 kleine Knoblauchzehe, zerdrückt
- 3½ EL / 30 g Pinienkerne
- 1 EL Za'atar
- 1 EL grob gehackte glatte Petersilie
- Maldon-Meersalz und frisch gemahlener schwarzer Pfeffer

ANWEISUNGEN

a) Heizen Sie den Ofen auf 475 °F / 240 °C vor.

b) Den Kürbis und die Zwiebel in eine große Rührschüssel geben, 3 Esslöffel Öl, 1 Teelöffel Salz und etwas schwarzen Pfeffer hinzufügen und gut vermischen. Mit der Haut nach unten auf einem Backblech verteilen und 30 bis 40 Minuten im Ofen rösten, bis das Gemüse etwas Farbe angenommen hat und durchgegart ist. Behalten Sie die Zwiebeln im Auge, da diese möglicherweise schneller garen als der Kürbis und daher früher entfernt werden müssen. Aus dem Ofen nehmen und abkühlen lassen.

c) Für die Soße das Tahini zusammen mit Zitronensaft, Wasser, Knoblauch und ¼ Teelöffel Salz in eine kleine Schüssel geben. Rühren Sie, bis die Sauce die Konsistenz von Honig hat, und fügen Sie bei Bedarf mehr Wasser oder Tahini hinzu.

d) Die restlichen 1½ Teelöffel Öl in eine kleine Bratpfanne geben und bei mittlerer bis niedriger Hitze erhitzen. Die Pinienkerne zusammen mit einem halben Teelöffel Salz hinzufügen und unter häufigem Rühren 2 Minuten kochen lassen, bis die Nüsse goldbraun sind. Vom Herd nehmen und die Nüsse und das Öl in eine kleine Schüssel geben, um das Kochen zu stoppen.

e) Zum Servieren das Gemüse auf einer großen Servierplatte verteilen und mit dem Tahini beträufeln. Streuen Sie die Pinienkerne und ihr Öl darüber, gefolgt von Za'atar und Petersilie.

6. Saubohnen-Kuku

Macht: 6

ZUTATEN

- 1 Pfund / 500 g Ackerbohnen, frisch oder gefroren
- 5 EL / 75 ml kochendes Wasser
- 2 EL feinster Zucker
- 5 EL / 45 g getrocknete Berberitzen
- 3 EL Sahne
- ¼ TL Safranfäden
- 2 EL kaltes Wasser
- 5 EL Olivenöl
- 2 mittelgroße Zwiebeln, fein gehackt
- 4 Knoblauchzehen, zerdrückt
- 7 große Eier aus Freilandhaltung
- 1 EL Allzweckmehl
- ½ TL Backpulver
- 1 Tasse / 30 g Dill, gehackt
- ½ Tasse / 15 g Minze, gehackt
- Salz und frisch gemahlener schwarzer Pfeffer

ANWEISUNGEN

a) Heizen Sie den Ofen auf 350 °F / 180 °C vor. Die Ackerbohnen mit reichlich kochendem Wasser in einen Topf geben. 1 Minute köcheln lassen, abtropfen lassen, unter kaltem Wasser abschrecken und beiseite stellen.

b) Gießen Sie 5 EL / 75 ml kochendes Wasser in eine mittelgroße Schüssel, fügen Sie den Zucker hinzu und rühren Sie um, bis er sich auflöst. Sobald der Sirup lauwarm ist, geben Sie die Berberitzen hinzu, lassen Sie sie etwa 10 Minuten lang stehen und lassen Sie sie dann abtropfen.

c) Sahne, Safran und kaltes Wasser in einem kleinen Topf zum Kochen bringen. Sofort vom Herd nehmen und 30 Minuten ziehen lassen.

d) Erhitzen Sie 3 Esslöffel Olivenöl bei mittlerer Hitze in einer antihaftbeschichteten, ofenfesten Bratpfanne mit einem

Durchmesser von 25 cm (10 Zoll), für die Sie einen Deckel haben. Fügen Sie die Zwiebeln hinzu und kochen Sie sie etwa 4 Minuten lang unter gelegentlichem Rühren. Fügen Sie dann den Knoblauch hinzu und kochen und rühren Sie weitere 2 Minuten lang. Die Ackerbohnen einrühren und beiseite stellen.

e) Die Eier in einer großen Rührschüssel gut schaumig schlagen. Mehl, Backpulver, Safrancreme, Kräuter, 1½ Teelöffel Salz und ½ Teelöffel Pfeffer hinzufügen und gut verrühren. Zum Schluss die Berberitzen und die Ackerbohnen-Zwiebel-Mischung unterrühren.

f) Wischen Sie die Bratpfanne sauber, fügen Sie das restliche Olivenöl hinzu und stellen Sie es 10 Minuten lang in den Ofen, um es gut zu erhitzen. Gießen Sie die Eiermischung in die heiße Pfanne, decken Sie sie ab und backen Sie sie 15 Minuten lang. Den Deckel abnehmen und weitere 20 bis 25 Minuten backen, bis die Eier gerade fest sind. Aus dem Ofen nehmen und 5 Minuten ruhen lassen, bevor es auf eine Servierplatte gestürzt wird. Warm oder bei Zimmertemperatur servieren.

Roher Artischocken-Kräuter-Salat

7. Roher Artischocken-Kräuter-Salat

Macht: 2

ZUTATEN

- 2 oder 3 große Artischocken (insgesamt 700 g)
- 3 EL frisch gepresster Zitronensaft
- 4 EL Olivenöl
- 2 Tassen / 40 g Rucola
- ½ Tasse / 15 g zerrissene Minzblätter
- ½ Tasse / 15 g zerrissene Korianderblätter
- 1 Unze / 30 g Pecorino Toscano oder Romano-Käse, dünn gehobelt
- Maldon-Meersalz und frisch gemahlener schwarzer Pfeffer

ANWEISUNGEN

a) Bereiten Sie eine Schüssel mit Wasser und der Hälfte des Zitronensafts vor. Entfernen Sie den Stiel einer Artischocke und ziehen Sie die harten äußeren Blätter ab. Sobald Sie die weicheren, blassen Blätter erreicht haben, schneiden Sie mit einem großen, scharfen Messer quer über die Blüte, sodass das untere Viertel übrig bleibt. Entfernen Sie mit einem kleinen, scharfen Messer oder einem Gemüseschäler die äußeren Schichten der Artischocke, bis der Boden freiliegt. Kratzen Sie den haarigen „Choke" aus und geben Sie die Base in das angesäuerte Wasser. Den Rest wegwerfen und mit den anderen Artischocken wiederholen.

b) Die Artischocken abtropfen lassen und mit Küchenpapier trocken tupfen. Mit einer Mandoline oder einem großen, scharfen Messer die Artischocken in hauchdünne Scheiben schneiden und in eine große Rührschüssel geben. Den restlichen Zitronensaft auspressen, das Olivenöl dazugeben und gut umrühren. Wenn Sie möchten, können Sie die Artischocke bis zu ein paar Stunden bei Zimmertemperatur stehen lassen. Zum Servieren Rucola, Minze und Koriander zur Artischocke geben und mit großzügig ¼ Teelöffel Salz und reichlich frisch gemahlenem schwarzem Pfeffer würzen.

c) Vorsichtig umrühren und auf Serviertellern anrichten. Mit den Pecorino-Spänen garnieren.

8. Gemischter Bohnensalat

Macht: 4

ZUTATEN

- 10 oz / 280 g gelbe Bohnen, geputzt (falls nicht verfügbar, doppelte Menge grüne Bohnen)
- 10 oz / 280 g grüne Bohnen, geputzt
- 2 rote Paprika, in 0,5 cm dicke Streifen geschnitten
- 3 EL Olivenöl, plus 1 TL für die Paprika
- 3 Knoblauchzehen, in dünne Scheiben geschnitten
- 6 EL / 50 g Kapern, abgespült und trocken getupft
- 1 TL Kreuzkümmelsamen
- 2 TL Koriandersamen
- 4 Frühlingszwiebeln, in dünne Scheiben geschnitten
- ⅓ Tasse / 10 g Estragon, grob gehackt
- ⅔ Tasse / 20 g gepflückte Kerbelblätter (oder eine Mischung aus gepflücktem Dill und geriebener Petersilie)
- abgeriebene Schale von 1 Zitrone
- Salz und frisch gemahlener schwarzer Pfeffer

ANWEISUNGEN

a) Den Ofen auf 220 °C vorheizen.

b) Einen großen Topf mit reichlich Wasser zum Kochen bringen und die gelben Bohnen hinzufügen. Nach 1 Minute die grünen Bohnen hinzufügen und weitere 4 Minuten kochen, oder bis die Bohnen gar, aber noch knusprig sind. Unter eiskaltem Wasser abschrecken, abtropfen lassen, trocken tupfen und in eine große Rührschüssel geben.

c) In der Zwischenzeit die Paprikaschoten in 1 Teelöffel Öl wenden, auf einem Backblech verteilen und für 5 Minuten oder bis sie weich sind in den Ofen geben. Aus dem Ofen nehmen und mit den gekochten Bohnen in die Schüssel geben.

d) Erhitzen Sie die 3 Esslöffel Olivenöl in einem kleinen Topf. Den Knoblauch hinzufügen und 20 Sekunden kochen lassen; Die Kapern hinzufügen (Vorsicht, sie spucken!) und weitere 15 Sekunden braten. Kreuzkümmel und Koriandersamen hinzufügen und weitere 15 Sekunden weiterbraten. Der Knoblauch sollte mittlerweile goldbraun geworden sein. Vom Herd nehmen und den Inhalt der Pfanne sofort über die Bohnen gießen. Die Frühlingszwiebeln, Kräuter, Zitronenschale, großzügig ¼ Teelöffel Salz und schwarzen Pfeffer vermengen und hinzufügen.

e) Servieren oder bis zu einem Tag im Kühlschrank aufbewahren. Denken Sie daran, es vor dem Servieren wieder auf Zimmertemperatur zu bringen.

9. Zitronen-Lauch-Fleischbällchen

Ergibt: 4 ALS ANFANGSMITTEL

ZUTATEN

- 6 große, geschnittene Lauchstangen (insgesamt ca. 800 g)
- 9 oz / 250 g Hackfleisch
- 1 Tasse / 90 g Semmelbrösel
- 2 große Eier aus Freilandhaltung
- 2 EL Sonnenblumenöl
- ¾ bis 1¼ Tassen / 200 bis 300 ml Hühnerbrühe
- ⅓ Tasse / 80 ml frisch gepresster Zitronensaft (ca. 2 Zitronen)
- ⅓ Tasse / 80 g griechischer Joghurt
- 1 EL fein gehackte glatte Petersilie
- Salz und frisch gemahlener schwarzer Pfeffer

ANWEISUNGEN

a) Schneiden Sie den Lauch in 2 cm große Scheiben und dämpfen Sie ihn etwa 20 Minuten lang, bis er vollständig weich ist. Abgießen und abkühlen lassen, dann das restliche Wasser mit einem Geschirrtuch ausdrücken. Verarbeiten Sie den Lauch in einer Küchenmaschine, indem Sie ihn ein paar Mal pulsieren, bis er gut zerkleinert, aber nicht matschig ist. Den Lauch zusammen mit dem Fleisch, Semmelbröseln, Eiern, 1¼ Teelöffel Salz und 1 Teelöffel schwarzem Pfeffer in eine große Rührschüssel geben. Aus der Mischung flache Fladen formen, etwa 7 x 2 cm (2¾ x ¾ Zoll) – das sollten 8 Stück sein. 30 Minuten in den Kühlschrank stellen.

b) Erhitzen Sie das Öl bei mittlerer bis hoher Hitze in einer großen Bratpfanne mit starkem Boden und einem Deckel. Die Patties auf beiden Seiten goldbraun anbraten; Dies kann bei Bedarf stapelweise erfolgen.

c) Wischen Sie die Pfanne mit einem Papiertuch aus und legen Sie die Fleischbällchen auf den Boden, bei Bedarf leicht überlappend. So viel Brühe darübergießen, dass die Pastetchen fast, aber nicht ganz bedeckt sind. Zitronensaft und ½ Teelöffel Salz hinzufügen. Zum Kochen bringen, dann abdecken und 30 Minuten leicht köcheln lassen. Den Deckel abnehmen und bei Bedarf noch einige Minuten kochen, bis fast die gesamte Flüssigkeit verdampft ist. Nehmen Sie die Pfanne vom Herd und stellen Sie sie zum Abkühlen beiseite.

d) Servieren Sie die Fleischbällchen einfach warm oder bei Zimmertemperatur mit einem Klecks Joghurt und einer Prise Petersilie.

10. Kohlrabi-Salat

Macht: 4

ZUTATEN

- 3 mittelgroße Kohlrabi (insgesamt 750 g)
- ⅓ Tasse / 80 g griechischer Joghurt
- 5 EL / 70 g Sauerrahm
- 3 EL Mascarpone-Käse
- 1 kleine Knoblauchzehe, zerdrückt
- 1½ TL frisch gepresster Zitronensaft
- 1 EL Olivenöl
- 2 EL fein geriebene frische Minze
- 1 TL getrocknete Minze
- ca. 12 Zweige / 20 g Baby-Brunnenkresse
- ¼ TL Sumach
- Salz und weißer Pfeffer

ANWEISUNGEN

a) Die Kohlrabi schälen, in 1,5 cm große Würfel schneiden und in eine große Rührschüssel geben. Beiseite stellen und das Dressing zubereiten.

b) Joghurt, Sauerrahm, Mascarpone, Knoblauch, Zitronensaft und Olivenöl in eine mittelgroße Schüssel geben. ¼ Teelöffel Salz und eine ordentliche Prise Pfeffer hinzufügen und verrühren, bis eine glatte Masse entsteht. Das Dressing zum Kohlrabi geben, gefolgt von der frischen und getrockneten Minze und der Hälfte der Brunnenkresse.

c) Vorsichtig umrühren und dann auf eine Servierplatte legen. Die restliche Brunnenkresse darauf verteilen und mit dem Sumach bestreuen.

11. Wurzelgemüsesalat mit Labneh

Macht: 6

ZUTATEN

- 3 mittelgroße Rüben (insgesamt 450 g)
- 2 mittelgroße Karotten (insgesamt 250 g)
- ½ Selleriewurzel (insgesamt 10 oz / 300 g)
- 1 mittelgroßer Kohlrabi (insgesamt 250 g)
- 4 EL frisch gepresster Zitronensaft
- 4 EL Olivenöl
- 3 EL Sherryessig
- 2 TL feinster Zucker
- ¾ Tasse / 25 g Korianderblätter, grob gehackt
- ¾ Tasse / 25 g Minzblätter, zerkleinert
- ⅔ Tasse / 20 g glatte Petersilienblätter, grob gehackt
- ½ EL abgeriebene Zitronenschale
- 1 Tasse / 200 g Labneh (im Laden gekauft odersiehe Rezept)
- Salz und frisch gemahlener schwarzer Pfeffer
- Schälen Sie das gesamte Gemüse und schneiden Sie es in dünne Scheiben, etwa 1/16 der kleinen scharfen Chilischote, fein gehackt

ANWEISUNGEN

a) Zitronensaft, Olivenöl, Essig, Zucker und 1 Teelöffel Salz in einen kleinen Topf geben. Leicht köcheln lassen und rühren, bis sich der Zucker und das Salz aufgelöst haben. Vom Herd nehmen.

b) Die Gemüsestreifen abtropfen lassen und auf ein Papiertuch legen, damit sie gut trocknen können. Trocknen Sie die Schüssel ab und ersetzen Sie das Gemüse. Das heiße Dressing über das Gemüse gießen, gut vermischen und abkühlen lassen. Für mindestens 45 Minuten in den Kühlschrank stellen.

c) Zum Servieren die Kräuter, Zitronenschale und 1 Teelöffel schwarzen Pfeffer zum Salat geben. Gut umrühren, abschmecken und bei Bedarf noch mehr Salz hinzufügen. Auf Servierteller stapeln und mit etwas Labneh als Beilage servieren.

12.   Gebratene Tomaten mit Knoblauch

Macht: 2 bis 4

ZUTATEN

- 3 große Knoblauchzehen, zerdrückt
- ½ kleine scharfe Chilischote, fein gehackt
- 2 EL gehackte glatte Petersilie
- 3 große, reife, aber feste Tomaten (insgesamt etwa 450 g)
- 2 EL Olivenöl
- Maldon-Meersalz und frisch gemahlener schwarzer Pfeffer
- rustikales Brot zum Servieren

ANWEISUNGEN

a) Knoblauch, Chili und gehackte Petersilie in einer kleinen Schüssel vermischen und beiseite stellen. Die Tomaten bedecken und mit dem Schwanz versehen und vertikal in etwa 1,5 cm dicke Scheiben schneiden.

b) Das Öl in einer großen Bratpfanne bei mittlerer Hitze erhitzen. Die Tomatenscheiben hinzufügen, mit Salz und Pfeffer würzen und etwa 1 Minute kochen lassen, dann umdrehen, erneut mit Salz und Pfeffer würzen und mit der Knoblauchmischung bestreuen. Kochen Sie noch etwa eine Minute lang weiter, schütteln Sie dabei gelegentlich die Pfanne, wenden Sie die Scheiben dann erneut und kochen Sie sie noch ein paar Sekunden lang, bis sie weich, aber nicht matschig sind.

c) Die Tomaten auf einen Servierteller stürzen, den Saft aus der Pfanne darübergießen und sofort zusammen mit dem Brot servieren.

13. Pürierte Rüben mit Joghurt und Za'atar

Macht: 6

ZUTATEN

- 2 Pfund / 900 g mittelgroße Rüben (insgesamt etwa 1 Pfund / 500 g nach dem Kochen und Schälen)
- 2 Knoblauchzehen, zerdrückt
- 1 kleine rote Chilischote, entkernt und fein gehackt
- abgerundet 1 Tasse / 250 g griechischer Joghurt
- 1½ EL Dattelsirup
- 3 EL Olivenöl, plus etwas mehr zum Abrunden des Gerichts
- 1 EL Za'atar
- Salz
- ZUM GARNIEREN
- 2 Frühlingszwiebeln, in dünne Scheiben geschnitten
- 2 EL / 15 g geröstete Haselnüsse, grob zerstoßen
- 2 oz / 60 g weicher Ziegenmilchkäse, zerbröckelt

ANWEISUNGEN

a) Heizen Sie den Ofen auf 400 °F / 200 °C vor.

b) Die Rüben waschen und in einen Bräter geben. Legen Sie sie in den Ofen und kochen Sie sie ohne Deckel, bis ein Messer leicht in die Mitte gleitet, etwa eine Stunde lang. Sobald sie kühl genug zum Anfassen sind, schälen Sie die Rüben und schneiden Sie jede in etwa 6 Stücke. Abkühlen lassen.

c) Rüben, Knoblauch, Chili und Joghurt in eine Küchenmaschine geben und zu einer glatten Paste verrühren. In eine große Rührschüssel geben und Dattelsirup, Olivenöl, Za'atar und 1 Teelöffel Salz unterrühren. Probieren Sie es ab und fügen Sie nach Belieben mehr Salz hinzu.

d) Geben Sie die Mischung auf einen flachen Servierteller und verteilen Sie sie mit der Rückseite eines Löffels auf dem Teller. Frühlingszwiebeln, Haselnüsse und Käse darüberstreuen und zum Schluss mit etwas Öl beträufeln. Bei Zimmertemperatur servieren.

14. Mangoldstückchen

Ergibt: 4 ALS ANFANGSMITTEL

ZUTATEN
- 14 oz / 400 g Mangoldblätter, weiße Stiele entfernt
- 1 Unze / 30 g glatte Petersilie
- ⅔ oz / 20 g Koriander
- ⅔ oz / 20 g Dill
- 1½ TL geriebene Muskatnuss
- ½ TL Zucker
- 3 EL Allzweckmehl
- 2 Knoblauchzehen, zerdrückt
- 2 große Eier aus Freilandhaltung
- 3 oz / 80 g Feta-Käse, in kleine Stücke gebrochen
- 4 EL / 60 ml Olivenöl
- 1 Zitrone, in 4 Spalten geschnitten
- Salz und frisch gemahlener schwarzer Pfeffer

ANWEISUNGEN

a) Einen großen Topf mit Salzwasser zum Kochen bringen, den Mangold dazugeben und 5 Minuten köcheln lassen. Lassen Sie die Blätter abtropfen und drücken Sie sie gut aus, bis sie vollständig trocken sind. Zusammen mit den Kräutern, Muskatnuss, Zucker, Mehl, Knoblauch, Eiern, großzügig ¼ Teelöffel Salz und etwas schwarzem Pfeffer in eine Küchenmaschine geben. Pürieren, bis eine glatte Masse entsteht, und dann den Feta mit der Hand unter die Mischung heben.

b) Gießen Sie 1 Esslöffel Öl in eine mittelgroße Bratpfanne. Bei mittlerer bis hoher Hitze erhitzen und für jedes Krapfen einen gehäuften Esslöffel der Mischung hinzufügen. Drücken Sie vorsichtig nach unten, um einen Kuchen mit einer Breite von 2¾ Zoll / 7 cm und einer Dicke von ⅜ Zoll / 1 cm zu erhalten. Es sollten etwa 3 Krapfen auf einmal hineinpassen. Die Krapfen insgesamt 3 bis 4 Minuten backen, dabei einmal wenden, bis sie etwas Farbe angenommen haben.

c) Auf Papiertücher geben und jede Portion warm halten, während die restliche Mischung gekocht wird. Bei Bedarf das restliche Öl hinzufügen. Sofort mit den Zitronenschnitzen servieren.

15. Gewürzter Kichererbsen-Gemüse-Salat

Macht: 4

ZUTATEN

- ½ Tasse / 100 g getrocknete Kichererbsen
- 1 TL Backpulver
- 2 kleine Gurken (insgesamt 10 oz / 280 g)
- 2 große Tomaten (insgesamt 10½ oz / 300 g)
- 240 g Radieschen
- 1 rote Paprika, entkernt und entkernt
- 1 kleine rote Zwiebel, geschält
- ⅔ oz / 20 g Korianderblätter und -stiele, grob gehackt
- 15 g glatte Petersilie, grob gehackt
- 6 EL / 90 ml Olivenöl
- abgeriebene Schale einer Zitrone, dazu 2 EL Saft
- 1½ EL Sherryessig
- 1 Knoblauchzehe, zerdrückt
- 1 TL feinster Zucker
- 1 TL gemahlener Kardamom
- 1½ TL gemahlener Piment
- 1 TL gemahlener Kreuzkümmel
- Griechischer Joghurt (optional)
- Salz und frisch gemahlener schwarzer Pfeffer

ANWEISUNGEN

a) Die getrockneten Kichererbsen über Nacht in einer großen Schüssel mit reichlich kaltem Wasser und Backpulver einweichen. Am nächsten Tag abgießen, in einen großen Topf geben und mit der doppelten Menge Wasser der Kichererbsen bedecken. Zum Kochen bringen und etwa eine Stunde lang köcheln lassen, dabei den Schaum abschöpfen, bis es ganz weich ist, dann abgießen.

b) Gurke, Tomate, Rettich und Paprika in 1,5 cm große Würfel schneiden; Schneiden Sie die Zwiebel in 0,5 cm große Würfel. Alles in einer Schüssel mit Koriander und Petersilie vermischen.

c) In einem Glas oder verschließbaren Behälter 5 EL / 75 ml Olivenöl, Zitronensaft und -schale, Essig, Knoblauch und Zucker vermischen und gut zu einem Dressing verrühren, dann mit Salz und Pfeffer abschmecken. Das Dressing über den Salat gießen und leicht vermischen.

d) Kardamom, Piment, Kreuzkümmel und ¼ Teelöffel Salz vermischen und auf einem Teller verteilen. Die gekochten Kichererbsen in mehreren Portionen in der Gewürzmischung schwenken, damit sie gut bedeckt sind. Das restliche Olivenöl in einer Bratpfanne bei mittlerer Hitze erhitzen und die Kichererbsen 2 bis 3 Minuten lang leicht anbraten. Dabei die Pfanne leicht schütteln, damit sie gleichmäßig garen und nicht kleben. Warm halten.

e) Den Salat auf vier Teller verteilen, in einem großen Kreis anordnen und die warmen, gewürzten Kichererbsen darauf verteilen, dabei den Rand des Salats frei lassen. Um den Salat cremig zu machen, können Sie etwas griechischen Joghurt darüber träufeln.

16. Chermoula-Auberginen mit Bulgur und Joghurt

Ergibt: 4 ALS HAUPTGERICHT

ZUTATEN
- 2 Knoblauchzehen, zerdrückt
- 2 TL gemahlener Kreuzkümmel
- 2 TL gemahlener Koriander
- 1 TL Chiliflocken
- 1 TL süßes Paprikapulver
- 2 EL fein gehackte, eingelegte Zitronenschale (im Laden gekauft odersiehe Rezept)
- ⅔ Tasse / 140 ml Olivenöl, plus etwas zum Schluss
- 2 mittelgroße Auberginen
- 1 Tasse / 150 g feiner Bulgur
- ⅔ Tasse / 140 ml kochendes Wasser
- ⅓ Tasse / 50 g goldene Rosinen
- 3½ EL / 50 ml warmes Wasser
- ⅓ oz / 10 g Koriander, gehackt, plus etwas zum Schluss
- ⅓ oz / 10 g Minze, gehackt
- ⅓ Tasse / 50 g entkernte grüne Oliven, halbiert
- ⅓ Tasse / 30 g Mandelblättchen, geröstet
- 3 Frühlingszwiebeln, gehackt
- 1½ EL frisch gepresster Zitronensaft
- ½ Tasse / 120 g griechischer Joghurt
- Salz

ANWEISUNGEN
a) Heizen Sie den Ofen auf 400 °F / 200 °C vor.
b) Um die Chermoula zuzubereiten, vermischen Sie in einer kleinen Schüssel Knoblauch, Kreuzkümmel, Koriander, Chili, Paprika, eingelegte Zitrone, zwei Drittel des Olivenöls und ½ Teelöffel Salz.
c) Die Auberginen der Länge nach halbieren. Das Fruchtfleisch jeder Hälfte mit tiefen, kreuz und quer verlaufenden Rillen einritzen, dabei darauf achten, die Haut nicht zu durchstechen. Die Chermoula über jede Hälfte geben, gleichmäßig verteilen

und mit der Schnittseite nach oben auf ein Backblech legen. In den Ofen geben und 40 Minuten rösten, bis die Auberginen ganz weich sind.

d) In der Zwischenzeit den Bulgur in eine große Schüssel geben und mit kochendem Wasser bedecken.

e) Die Rosinen im warmen Wasser einweichen. Nach 10 Minuten die Rosinen abtropfen lassen und zusammen mit dem restlichen Öl zum Bulgur geben. Kräuter, Oliven, Mandeln, Frühlingszwiebeln, Zitronensaft und eine Prise Salz hinzufügen und verrühren. Abschmecken und bei Bedarf noch mehr Salz hinzufügen.

f) Servieren Sie die Auberginen warm oder bei Zimmertemperatur. Auf jeden einzelnen Teller eine halbe Aubergine mit der Schnittfläche nach oben legen. Geben Sie den Bulgur darauf und lassen Sie etwas von beiden Seiten herunterfallen. Etwas Joghurt darüber geben, mit Koriander bestreuen und mit einem Schuss Öl abschließen.

17. Gebratener Blumenkohl mit Tahini

Macht: 6

ZUTATEN

- 2 Tassen / 500 ml Sonnenblumenöl
- 2 mittelgroße Blumenkohlköpfe (insgesamt 1 kg), aufgeteilt in kleine Röschen
- 8 Frühlingszwiebeln, jeweils in 3 lange Segmente geteilt
- ¾ Tasse / 180 g leichte Tahinipaste
- 2 Knoblauchzehen, zerdrückt
- ¼ Tasse / 15 g glatte Petersilie, gehackt
- ¼ Tasse / 15 g gehackte Minze, plus etwas zum Schluss
- ⅔ Tasse / 150 g griechischer Joghurt
- ¼ Tasse / 60 ml frisch gepresster Zitronensaft, plus abgeriebene Schale einer Zitrone
- 1 TL Granatapfelmelasse und etwas mehr zum Schluss
- etwa ¾ Tasse / 180 ml Wasser
- Maldon-Meersalz und frisch gemahlener schwarzer Pfeffer

ANWEISUNGEN

a) Erhitzen Sie das Sonnenblumenöl in einem großen Topf bei mittlerer bis hoher Hitze. Geben Sie mit einer Metallzange oder einem Metalllöffel vorsichtig jeweils ein paar Blumenkohlröschen in das Öl und kochen Sie sie 2 bis 3 Minuten lang. Drehen Sie sie dabei um, damit sie gleichmäßig färben. Sobald die Röschen goldbraun sind, heben Sie sie mit einem Schaumlöffel in ein Sieb und lassen sie abtropfen. Mit etwas Salz bestreuen. Fahren Sie in Portionen fort, bis Sie den ganzen Blumenkohl aufgegessen haben. Als nächstes braten Sie die Frühlingszwiebeln portionsweise an, jedoch nur etwa 1 Minute lang. Zum Blumenkohl hinzufügen. Beides etwas abkühlen lassen.

b) Gießen Sie die Tahini-Paste in eine große Rührschüssel und fügen Sie Knoblauch, gehackte Kräuter, Joghurt, Zitronensaft und -schale, Granatapfelmelasse sowie etwas Salz und Pfeffer hinzu. Rühren Sie mit einem Holzlöffel gut um, während Sie das Wasser hinzufügen. Die Tahini-Sauce wird dicker und lockert sich dann auf, wenn Sie Wasser hinzufügen. Geben Sie nicht zu viel hinzu, sondern gerade genug, um eine dicke, aber dennoch glatte, gießbare Konsistenz zu erhalten, die ein bisschen an Honig erinnert.

c) Blumenkohl und Frühlingszwiebeln zum Tahini geben und gut verrühren. Abschmecken und nachwürzen. Möglicherweise möchten Sie auch mehr Zitronensaft hinzufügen.

d) Zum Servieren in eine Servierschüssel geben und mit ein paar Tropfen Granatapfelmelasse und etwas Minze abschließen.

18. Gerösteter Blumenkohl-Haselnuss-Salat

Ergibt: 2 BIS 4

ZUTATEN

- 1 Kopf Blumenkohl, in kleine Röschen zerteilt (insgesamt 1½ Pfund / 660 g)
- 5 EL Olivenöl
- 1 große Selleriestange, schräg in 0,5 cm dicke Scheiben geschnitten (insgesamt ⅔ Tasse / 70 g)
- 5 EL / 30 g Haselnüsse, mit Schale
- ⅓ Tasse / 10 g kleine glatte Petersilienblätter, gepflückt
- ⅓ Tasse / 50 g Granatapfelkerne (von etwa ½ mittelgroßen Granatapfel)
- großzügig ¼ TL gemahlener Zimt
- großzügig ¼ TL gemahlener Piment
- 1 EL Sherryessig
- 1½ TL Ahornsirup
- Salz und frisch gemahlener schwarzer Pfeffer

ANWEISUNGEN

a) Heizen Sie den Ofen auf 220 °C vor.

b) Den Blumenkohl mit 3 Esslöffeln Olivenöl, ½ Teelöffel Salz und etwas schwarzem Pfeffer vermischen. In einem Bräter verteilen und auf dem oberen Ofenrost 25 bis 35 Minuten rösten, bis der Blumenkohl knusprig und Teile davon goldbraun sind. In eine große Rührschüssel geben und zum Abkühlen beiseite stellen.

c) Reduzieren Sie die Ofentemperatur auf 325 °F / 170 °C. Die Haselnüsse auf einem mit Backpapier ausgelegten Backblech verteilen und 17 Minuten rösten.

d) Lassen Sie die Nüsse etwas abkühlen, hacken Sie sie dann grob und geben Sie sie zusammen mit dem restlichen Öl und den restlichen Zutaten zum Blumenkohl. Umrühren, abschmecken und entsprechend mit Salz und Pfeffer würzen. Bei Zimmertemperatur servieren.

19. A'ja (Brotstückchen)

Ergibt: ca. 8 Krapfen

ZUTATEN
- 4 Weißbrotscheiben, ohne Kruste (insgesamt 3 oz / 80 g)
- 4 extragroße Eier aus Freilandhaltung
- 1½ TL gemahlener Kreuzkümmel
- ½ TL süßer Paprika
- ¼ TL Cayennepfeffer
- 25 g Schnittlauch, gehackt
- 25 g glatte Petersilie, gehackt
- ⅓ oz / 10 g Estragon, gehackt
- 1½ oz / 40 g Feta-Käse, zerbröckelt
- Sonnenblumenöl, zum Braten
- Salz und frisch gemahlener schwarzer Pfeffer

ANWEISUNGEN
a) Das Brot 1 Minute lang in reichlich kaltem Wasser einweichen, dann gut ausdrücken.

b) Das eingeweichte Brot in eine mittelgroße Schüssel zerkrümeln, dann die Eier, Gewürze, ½ Teelöffel Salz und ¼ Teelöffel Pfeffer hinzufügen und gut verquirlen. Gehackte Kräuter und Feta untermischen.

c) 1 Esslöffel Öl in einer mittelgroßen Bratpfanne bei mittlerer bis hoher Hitze erhitzen. Geben Sie für jedes Küchlein etwa 3 Esslöffel der Mischung in die Mitte der Pfanne und drücken Sie sie mit der Unterseite des Löffels flach. Die Krapfen sollten 2 bis 3 cm dick sein. Die Krapfen auf jeder Seite 2 bis 3 Minuten goldbraun braten. Mit dem restlichen Teig wiederholen. Sie sollten etwa 8 Krapfen erhalten.

d) Alternativ können Sie den gesamten Teig auf einmal braten, wie Sie es bei einem großen Omelett tun würden. In Scheiben schneiden und warm oder bei Zimmertemperatur servieren.

20. Würziger Karottensalat

Macht: 4

ZUTATEN
- 6 große Karotten, geschält (insgesamt ca. 700 g)
- 3 EL Sonnenblumenöl
- 1 große Zwiebel, fein gehackt (insgesamt 2 Tassen / 300 g)
- 1 ELPilpelchumaoder 2 EL Harissa (im Laden gekauft odersiehe Rezept)
- ½ TL gemahlener Kreuzkümmel
- ½ TL Kümmel, frisch gemahlen
- ½ TL Zucker
- 3 EL Apfelessig
- 1½ Tassen / 30 g Rucolablätter
- Salz

ANWEISUNGEN
a) Die Karotten in einen großen Topf geben, mit Wasser bedecken und zum Kochen bringen. Reduzieren Sie die Hitze, decken Sie das Ganze ab und kochen Sie es etwa 20 Minuten lang, bis die Karotten gerade zart sind. Abtropfen lassen und nach dem Abkühlen in 0,5 cm dicke Scheiben schneiden.

b) Während die Karotten kochen, erhitzen Sie die Hälfte des Öls in einer großen Bratpfanne. Die Zwiebel dazugeben und bei mittlerer Hitze 10 Minuten goldbraun braten.

c) Die Röstzwiebel in eine große Rührschüssel geben und Pilpelchuma, Kreuzkümmel, Kümmel, ¾ Teelöffel Salz, Zucker, Essig und das restliche Öl hinzufügen. Die Karotten dazugeben und gut vermengen. Mindestens 30 Minuten ruhen lassen, damit die Aromen reifen können.

d) Den Salat auf einer großen Platte anrichten und nach und nach mit dem Rucola bestreuen.

21. Shakshuka

Ergibt: 2 BIS 4

ZUTATEN

- 2 EL Olivenöl
- 2 ELPilpelchumaoder Harissa (im Laden gekauft odersiehe Rezept)
- 2 TL Tomatenmark
- 2 große rote Paprika, in 0,5 cm große Würfel geschnitten (insgesamt 2 Tassen / 300 g)
- 4 Knoblauchzehen, fein gehackt
- 1 TL gemahlener Kreuzkümmel
- 5 große, sehr reife Tomaten, gehackt (insgesamt 5 Tassen / 800 g); Dosen sind auch in Ordnung
- 4 große Eier aus Freilandhaltung, plus 4 Eigelb
- ½ Tasse / 120 g Labneh (im Laden gekauft odersiehe Rezept) oder dicken Joghurt
- Salz

ANWEISUNGEN

a) Das Olivenöl in einer großen Bratpfanne bei mittlerer Hitze erhitzen und Pilpelchuma oder Harissa, Tomatenmark, Paprika, Knoblauch, Kreuzkümmel und ¾ Teelöffel Salz hinzufügen. Umrühren und bei mittlerer Hitze etwa 8 Minuten kochen lassen, damit die Paprikaschoten weich werden. Die Tomaten dazugeben, leicht köcheln lassen und weitere 10 Minuten kochen, bis eine recht dicke Soße entsteht. Zum Würzen abschmecken.

b) Machen Sie 8 kleine Dips in der Soße. Brechen Sie die Eier vorsichtig auf und gießen Sie jedes vorsichtig in seinen eigenen Dip. Machen Sie dasselbe mit dem Eigelb. Mit einer Gabel das Eiweiß ein wenig mit der Soße verrühren, dabei darauf achten, dass das Eigelb nicht zerbricht. 8 bis 10 Minuten leicht köcheln lassen, bis das Eiweiß fest ist, das Eigelb aber noch flüssig ist (Sie können die Pfanne mit einem Deckel abdecken, wenn Sie den Vorgang beschleunigen möchten).

c) Vom Herd nehmen, ein paar Minuten ruhen lassen, dann auf einzelne Teller verteilen und mit Labneh oder Joghurt servieren.

22.   Butternusskürbis-Tahini-Aufstrich

Ergibt: 6 BIS 8

ZUTATEN

- 1 sehr großer Butternusskürbis (ca. 1,2 kg), geschält und in Stücke geschnitten (insgesamt 7 Tassen / 970 g)
- 3 EL Olivenöl
- 1 TL gemahlener Zimt
- 5 EL / 70 g leichte Tahinipaste
- ½ Tasse / 120 g griechischer Joghurt
- 2 kleine Knoblauchzehen, zerdrückt
- 1 TL gemischter schwarzer und weißer Sesam (oder einfach nur weißer, wenn Sie keinen schwarzen haben)
- 1½ TL Dattelsirup
- 2 EL gehackter Koriander (optional)
- Salz

ANWEISUNGEN

a) Heizen Sie den Ofen auf 400 °F / 200 °C vor.

b) Den Kürbis in einer mittelgroßen Bratpfanne verteilen. Das Olivenöl darübergießen und mit Zimt und ½ Teelöffel Salz bestreuen. Gut vermischen, die Pfanne fest mit Aluminiumfolie abdecken und 70 Minuten im Ofen rösten, dabei einmal umrühren. Aus dem Ofen nehmen und abkühlen lassen.

c) Geben Sie den Kürbis zusammen mit Tahini, Joghurt und Knoblauch in eine Küchenmaschine. Grob zerkleinern, sodass alles zu einer groben Paste vermischt wird, ohne dass der Aufstrich glatt wird; Sie können dies auch von Hand mit einer Gabel oder einem Kartoffelstampfer tun.

d) Verteilen Sie die Butternuss in einem Wellenmuster auf einem flachen Teller und bestreuen Sie sie mit den Sesamkörnern, träufeln Sie den Sirup darüber und geben Sie zum Schluss den Koriander hinzu, falls verwendet.

23. Würziger Rüben-, Lauch- und Walnusssalat

ZUTATEN

- 4 mittelgroße Rüben (insgesamt ⅓ lb / 600 g nach dem Kochen und Schälen)
- 4 mittelgroße Lauchstangen, in 10 cm große Stücke geschnitten (insgesamt 4 Tassen / 360 g)
- 15 g Koriander, grob gehackt
- 1¼ Tassen / 25 g Rucola
- ⅓ Tasse / 50 g Granatapfelkerne (optional)
- DRESSING
- 1 Tasse / 100 g Walnüsse, grob gehackt
- 4 Knoblauchzehen, fein gehackt
- ½ TL Chiliflocken
- ¼ Tasse / 60 ml Apfelessig
- 2 EL Tamarindenwasser
- ½ TL Walnussöl
- 2½ EL Erdnussöl
- 1 TL Salz

ANWEISUNGEN

a) Heizen Sie den Ofen auf 220 °C vor.

b) Wickeln Sie die Rüben einzeln in Alufolie ein und rösten Sie sie je nach Größe 1 bis 1½ Stunden im Ofen. Nach dem Garen sollten Sie problemlos ein kleines Messer bis zur Mitte durchstechen können. Aus dem Ofen nehmen und zum Abkühlen beiseite stellen.

c) Sobald die Rüben abgekühlt sind und man sie handhaben kann, schälen Sie sie, halbieren Sie sie und schneiden Sie jede Hälfte in Spalten mit einer Dicke von ⅜ Zoll / 1 cm an der Basis. In eine mittelgroße Schüssel geben und beiseite stellen.

d) Den Lauch in einen mittelgroßen Topf mit Salzwasser geben, zum Kochen bringen und 10 Minuten köcheln lassen, bis er gerade gar ist; Es ist wichtig, sie sanft zu köcheln und nicht zu lange zu kochen, damit sie nicht auseinanderfallen. Abgießen und unter kaltem Wasser abschrecken, dann jedes Segment mit einem sehr scharfen Wellenmesser in drei kleinere Stücke schneiden und trocken tupfen. In eine Schüssel geben, von den Rüben trennen und beiseite stellen.

e) Während das Gemüse kocht, alle Zutaten für das Dressing vermischen und mindestens 10 Minuten beiseite stellen, damit sich alle Aromen entfalten.

f) Das Walnussdressing und den Koriander gleichmäßig auf die Rüben und den Lauch verteilen und vorsichtig vermengen. Probieren Sie beides und fügen Sie bei Bedarf mehr Salz hinzu.

g) Um den Salat zusammenzustellen, verteilen Sie den größten Teil der Rüben auf einer Servierplatte, belegen Sie etwas Rucola, dann den Großteil des Lauchs, dann die restlichen Rüben und zum Schluss noch mehr Lauch und Rucola. Bei Bedarf mit Granatapfelkernen bestreuen und servieren.

24. Verkohlte Okra mit Tomate

Ergibt: 2 ALS BEILAGE

ZUTATEN

- 10½ oz / 300 g Baby- oder sehr kleine Okra
- 2 EL Olivenöl, bei Bedarf auch mehr
- 4 Knoblauchzehen, in dünne Scheiben geschnitten
- ⅔ oz / 20 g konservierte Zitronenschale (im Laden gekauft odersiehe Rezept), in ⅜-Zoll/1 cm große Keile schneiden
- 3 kleine Tomaten (insgesamt 7 oz/200 g), in 8 Spalten geschnitten, oder halbierte Kirschtomaten
- 1½ TL gehackte glatte Petersilie
- 1½ TL gehackter Koriander
- 1 EL frisch gepresster Zitronensaft
- Maldon-Meersalz und frisch gemahlener schwarzer Pfeffer

ANWEISUNGEN

a) Schneiden Sie die Okraschoten mit einem kleinen, scharfen Obstmesser ab und entfernen Sie den Stiel direkt über der Schote, damit die Samen nicht freiliegen.

b) Stellen Sie eine große Bratpfanne mit starkem Boden auf hohe Hitze und lassen Sie sie einige Minuten ruhen. Wenn sie fast glühend heiß sind, geben Sie die Okraschoten in zwei Portionen hinein und kochen Sie sie unter gelegentlichem Schütteln der Pfanne jeweils 4 Minuten lang trocken. Die Okra-Schoten sollten gelegentlich dunkle Blasen aufweisen.

c) Geben Sie alle verkohlten Okraschoten wieder in die Pfanne und fügen Sie das Olivenöl, den Knoblauch und die eingelegte Zitrone hinzu. Unter Rühren die Pfanne 2 Minuten lang braten. Reduzieren Sie die Hitze auf mittlere Stufe und fügen Sie die Tomaten, 2 Esslöffel Wasser, die gehackten Kräuter, Zitronensaft und ½ Teelöffel Salz und etwas schwarzen Pfeffer hinzu. Alles vorsichtig verrühren, damit die Tomaten nicht zerfallen, und 2 bis 3 Minuten weiterkochen, bis die Tomaten durchgewärmt sind. In eine Servierschüssel geben, mit mehr Olivenöl beträufeln, eine Prise Salz hinzufügen und servieren.

25. Verbrannte Aubergine mit Granatapfelkernen

Ergibt: 4 ALS TEIL EINES MEZE-TELLERS

ZUTATEN

- 4 große Auberginen (3¼ lb / 1,5 kg vor dem Kochen; 2½ Tassen / 550 g nach dem Anbrennen und Abtropfen des Fruchtfleisches)
- 2 Knoblauchzehen, zerdrückt
- abgeriebene Schale einer Zitrone und 2 EL frisch gepresster Zitronensaft
- 5 EL Olivenöl
- 2 EL gehackte glatte Petersilie
- 2 EL gehackte Minze
- Kerne eines ½ großen Granatapfels (insgesamt ½ Tasse / 80 g)
- Salz und frisch gemahlener schwarzer Pfeffer

ANWEISUNGEN

a) Wenn Sie einen Gasherd haben, legen Sie den Sockel zum Schutz mit Aluminiumfolie aus und lassen Sie nur die Brenner frei. Legen Sie die Auberginen direkt auf vier separate Gasbrenner mit mittlerer Flamme und rösten Sie sie 15 bis 18 Minuten lang, bis die Schale verbrannt und schuppig und das Fruchtfleisch weich ist. Drehen Sie sie gelegentlich mit einer Metallzange um. Alternativ können Sie die Auberginen mit einem Messer an einigen Stellen etwa 2 cm tief einschneiden und auf einem Backblech unter einem heißen Grill etwa eine Stunde lang legen. Drehen Sie sie etwa alle 20 Minuten um und kochen Sie weiter, auch wenn sie platzen oder zerbrechen.

b) Die Auberginen vom Herd nehmen und etwas abkühlen lassen. Sobald die Aubergine abgekühlt genug ist, um sie anfassen zu können, schneiden Sie entlang jeder Aubergine eine Öffnung, löffeln Sie das weiche Fruchtfleisch heraus und teilen Sie es mit den Händen in lange, dünne Streifen. Entsorgen Sie die Haut. Lassen Sie das Fruchtfleisch in einem Sieb mindestens eine Stunde, besser noch länger, abtropfen, um so viel Wasser wie möglich zu entfernen.

c) Geben Sie das Auberginenmark in eine mittelgroße Schüssel und fügen Sie Knoblauch, Zitronenschale und -saft, Olivenöl, ½ Teelöffel Salz und eine gute Prise schwarzen Pfeffer hinzu. Umrühren und die Aubergine mindestens eine Stunde bei Zimmertemperatur marinieren lassen.

d) Zum Servieren die meisten Kräuter untermischen und zum Würzen abschmecken. Auf einem Servierteller hochstapeln, die Granatapfelkerne darüberstreuen und mit den restlichen Kräutern garnieren

26. Petersilie-Gersten-Salat

Macht: 4

ZUTATEN

- ¼ Tasse / 40 g Graupen
- 5 oz / 150 g Feta-Käse
- 5½ EL Olivenöl
- 1 TL Za'atar
- ½ TL Koriandersamen, leicht geröstet und zerstoßen
- ¼ TL gemahlener Kreuzkümmel
- 80 g glatte Petersilie, Blätter und feine Stängel
- 4 Frühlingszwiebeln, fein gehackt (⅓ Tasse / insgesamt 40 g)
- 2 Knoblauchzehen, zerdrückt
- ⅓ Tasse / 40 g Cashewnüsse, leicht geröstet und grob zerstoßen
- 1 grüne Paprika, entkernt und in ⅜-Zoll/1 cm große Würfel geschnitten
- ½ TL gemahlener Piment
- 2 EL frisch gepresster Zitronensaft
- Salz und frisch gemahlener schwarzer Pfeffer

ANWEISUNGEN

a) Geben Sie die Graupen in einen kleinen Topf, bedecken Sie sie mit reichlich Wasser und kochen Sie sie 30 bis 35 Minuten lang, bis sie weich, aber bissfest sind. In ein feines Sieb gießen, schütteln, um das gesamte Wasser zu entfernen, und in eine große Schüssel umfüllen.

b) Den Feta in etwa 2 cm große grobe Stücke brechen und in einer kleinen Schüssel mit 1½ Esslöffeln Olivenöl, Za'atar, Koriandersamen und Kreuzkümmel vermischen. Vorsichtig vermischen und marinieren lassen, während Sie den Rest des Salats zubereiten.

c) Die Petersilie fein hacken und mit den Frühlingszwiebeln, dem Knoblauch, den Cashewnüssen, dem Pfeffer, dem Piment, dem Zitronensaft, dem restlichen Olivenöl und der gekochten Gerste in eine Schüssel geben. Gut vermischen und abschmecken. Zum Servieren den Salat auf vier Teller verteilen und mit dem marinierten Feta belegen.

27. Grober Zucchini-Tomaten-Salat

Macht: 6

ZUTATEN

- 8 hellgrüne Zucchini oder normale Zucchini (insgesamt etwa 2¼ Pfund / 1 kg)
- 5 große, sehr reife Tomaten (insgesamt 800 g)
- 3 EL Olivenöl, plus etwas zum Schluss
- 2½ Tassen / 300 g griechischer Joghurt
- 2 Knoblauchzehen, zerdrückt
- 2 rote Chilis, entkernt und gehackt
- abgeriebene Schale einer mittelgroßen Zitrone und 2 EL frisch gepresster Zitronensaft
- 1 EL Dattelsirup, plus etwas zum Schluss
- 2 Tassen / 200 g Walnüsse, grob gehackt
- 2 EL gehackte Minze
- ⅔ oz / 20 g glatte Petersilie, gehackt
- Salz und frisch gemahlener schwarzer Pfeffer

ANWEISUNGEN

a) Heizen Sie den Ofen auf 220 °C vor. Stellen Sie eine geriffelte Grillpfanne auf hohe Hitze.

b) Die Zucchini putzen und der Länge nach halbieren. Die Tomaten ebenfalls halbieren. Zucchini und Tomaten auf der Schnittseite mit Olivenöl bestreichen und mit Salz und Pfeffer würzen.

c) Inzwischen sollte die Grillpfanne kochend heiß sein. Beginnen Sie mit der Zucchini. Einige davon mit der Schnittfläche nach unten in die Pfanne legen und 5 Minuten kochen lassen; Die Zucchini sollten auf einer Seite schön verkohlt sein. Nun die Zucchini herausnehmen und den gleichen Vorgang mit den Tomaten wiederholen. Geben Sie das Gemüse in einen Bräter und geben Sie es für etwa 20 Minuten in den Ofen, bis die Zucchini sehr zart sind.

d) Nehmen Sie die Pfanne aus dem Ofen und lassen Sie das Gemüse etwas abkühlen. Grob hacken und 15 Minuten in einem Sieb abtropfen lassen.

e) Joghurt, Knoblauch, Chili, Zitronenschale und -saft sowie Melasse in einer großen Rührschüssel verrühren. Das gehackte Gemüse, die Walnüsse, die Minze und den Großteil der Petersilie hinzufügen und gut verrühren. Mit ¾ Teelöffel Salz und etwas Pfeffer würzen.

f) Geben Sie den Salat auf einen großen, flachen Servierteller und verteilen Sie ihn. Mit der restlichen Petersilie garnieren. Zum Schluss etwas Dattelsirup und Olivenöl darüberträufeln.

28. Tabouleh

Ergibt: 4 GROSSZÜGIG

ZUTATEN

- ½ Tasse / 30 g feiner Bulgurweizen
- 2 große Tomaten, reif, aber fest (insgesamt 10½ oz / 300 g)
- 1 Schalotte, fein gehackt (insgesamt 3 EL / 30 g)
- 3 EL frisch gepresster Zitronensaft, plus etwas mehr zum Schluss
- 4 große Bund glatte Petersilie (insgesamt 5½ oz/160 g)
- 2 Bund Minze (insgesamt 1 oz / 30 g)
- 2 TL gemahlener Piment
- 1 TL Baharat-Gewürzmischung (im Laden gekauft odersiehe Rezept)
- ½ Tasse / 80 ml hochwertiges Olivenöl
- Kerne von etwa ½ großen Granatäpfeln (insgesamt ½ Tasse / 70 g), optional
- Salz und frisch gemahlener schwarzer Pfeffer

ANWEISUNGEN

a) Geben Sie den Bulgur in ein feines Sieb und lassen Sie ihn unter kaltem Wasser laufen, bis das austretende Wasser klar aussieht und der größte Teil der Stärke entfernt wurde. In eine große Rührschüssel umfüllen.

b) Schneiden Sie die Tomaten mit einem kleinen gezackten Messer in 0,5 cm dicke Scheiben. Schneiden Sie jede Scheibe in 0,5 cm dicke Streifen und dann in Würfel. Die Tomaten und deren Saft zusammen mit der Schalotte und dem Zitronensaft in die Schüssel geben und gut umrühren.

c) Nehmen Sie ein paar Zweige Petersilie und packen Sie sie fest zusammen. Schneiden Sie die meisten Stiele mit einem großen, sehr scharfen Messer ab und entsorgen Sie sie. Bewegen Sie nun mit dem Messer die Stängel und Blätter nach oben und „füttern" Sie das Messer nach und nach, um die Petersilie so fein wie möglich zu zerkleinern. Vermeiden Sie es, Stücke zu schneiden, die breiter als 1/16 Zoll / 1 mm sind. In die Schüssel geben.

d) Pflücken Sie die Minzblätter von den Stielen, packen Sie ein paar fest zusammen und raspeln Sie sie wie die Petersilie fein. Schneiden Sie sie nicht zu stark, da sie sonst zur Verfärbung neigen. In die Schüssel geben.

e) Zum Schluss Piment, Baharat, Olivenöl, Granatapfel (falls verwendet) sowie etwas Salz und Pfeffer hinzufügen. Probieren Sie es ab, fügen Sie nach Belieben mehr Salz und Pfeffer hinzu, möglicherweise etwas Zitronensaft, und servieren Sie es.

29. Geröstete Kartoffeln mit Karamell und Pflaumen

Macht: 4

ZUTATEN
- 2¼ lb / 1 kg mehlige Kartoffeln, z. B. Rostbraun
- ½ Tasse / 120 ml Gänsefett
- 5 oz / 150 g ganze weiche Agen-Pflaumen, entkernt
- ½ Tasse / 90 g feinster Zucker
- 3½ EL / 50 ml Eiswasser
- Salz

ANWEISUNGEN

a) Heizen Sie den Ofen auf 475 °F / 240 °C vor.

b) Schälen Sie die Kartoffeln, lassen Sie die kleinen ganz und halbieren Sie die größeren, sodass am Ende Stücke von etwa 60 g entstehen. Unter kaltem Wasser abspülen und die Kartoffeln dann in einen großen Topf mit reichlich frischem, kaltem Wasser geben. Zum Kochen bringen und 8 bis 10 Minuten köcheln lassen. Lassen Sie die Kartoffeln gut abtropfen und schütteln Sie dann das Sieb, um die Ränder aufzurauen.

c) Geben Sie das Gänsefett in einen Bräter und erhitzen Sie es etwa 8 Minuten lang im Ofen, bis es raucht. Nehmen Sie die Pfanne vorsichtig aus dem Ofen und geben Sie die Salzkartoffeln mit einer Metallzange in das heiße Fett und rollen Sie sie dabei im Fett herum. Stellen Sie die Pfanne vorsichtig auf die höchste Schiene des Ofens und lassen Sie sie 50 bis 65 Minuten lang garen, oder bis die Kartoffeln außen goldbraun und knusprig sind. Während des Garens von Zeit zu Zeit wenden.

d) Wenn die Kartoffeln fast fertig sind, nehmen Sie das Blech aus dem Ofen und kippen Sie es über eine hitzebeständige Schüssel, um das meiste Fett zu entfernen. ½ Teelöffel Salz und die Pflaumen hinzufügen und vorsichtig umrühren. Zurück in den Ofen für weitere 5 Minuten.

e) Während dieser Zeit das Karamell zubereiten. Den Zucker in einen sauberen Topf mit dickem Boden geben und bei schwacher Hitze erhitzen. Beobachten Sie, wie der Zucker ohne Rühren eine satte Karamellfarbe annimmt. Achten Sie darauf, den Zucker immer im Auge zu behalten. Sobald Sie diese Farbe erreicht haben, nehmen Sie die Pfanne vom Herd. Halten Sie die Pfanne in sicherem Abstand von Ihrem Gesicht und gießen Sie das Eiswasser schnell in das Karamell, damit es nicht kocht. Zurück auf den Herd stellen und umrühren, um etwaige Zuckerklumpen zu entfernen.

f) Vor dem Servieren das Karamell unter die Kartoffeln und Pflaumen rühren. In eine Servierschüssel umfüllen und sofort essen.

30. Mangold mit Tahini, Joghurt und gebutterten Pinienkernen

Macht: 4

ZUTATEN
- 1,3 kg Mangold
- 2½ EL / 40 g ungesalzene Butter
- 2 EL Olivenöl, plus etwas zum Schluss
- 5 EL / 40 g Pinienkerne
- 2 kleine Knoblauchzehen, sehr dünn geschnitten
- ¼ Tasse / 60 ml trockener Weißwein
- süßer Paprika zum Garnieren (optional)
- Salz und frisch gemahlener schwarzer Pfeffer

TAHINI-JOGURT-SAUCE
- 3½ EL / 50 g leichte Tahinipaste
- 4½ EL / 50 g griechischer Joghurt
- 2 EL frisch gepresster Zitronensaft
- 1 Knoblauchzehe, zerdrückt
- 2 EL Wasser

ANWEISUNGEN

a) Beginnen Sie mit der Soße. Alle Zutaten in eine mittelgroße Schüssel geben, eine Prise Salz hinzufügen und mit einem kleinen Schneebesen gut verrühren, bis eine glatte, halbsteife Paste entsteht. Beiseite legen.

b) Trennen Sie mit einem scharfen Messer die weißen Mangoldstiele von den grünen Blättern und schneiden Sie beide in 2 cm breite Scheiben, wobei Sie sie getrennt halten. Einen großen Topf mit Salzwasser zum Kochen bringen und die Mangoldstiele hinzufügen. 2 Minuten köcheln lassen, die Blätter hinzufügen und eine weitere Minute kochen lassen. Abgießen und unter kaltem Wasser gut abspülen. Lassen Sie das Wasser abtropfen und drücken Sie den Mangold dann mit den Händen aus, bis er vollständig trocken ist.

c) Die Hälfte der Butter und die 2 Esslöffel Olivenöl in eine große Bratpfanne geben und bei mittlerer Hitze erhitzen. Sobald es heiß ist, fügen Sie die Pinienkerne hinzu und schwenken Sie sie etwa 2 Minuten lang in der Pfanne, bis sie goldbraun sind. Nehmen Sie sie mit einem Schaumlöffel aus der Pfanne und geben Sie dann den Knoblauch hinein. Etwa eine Minute kochen lassen, bis es anfängt, goldbraun zu werden. Vorsichtig (es wird spucken!) den Wein einfüllen. Eine Minute oder weniger einwirken lassen, bis die Menge auf etwa ein Drittel reduziert ist. Den Mangold und die restliche Butter dazugeben und unter gelegentlichem Rühren 2 bis 3 Minuten kochen lassen, bis der Mangold vollständig warm ist. Mit ½ Teelöffel Salz und etwas schwarzem Pfeffer würzen.

d) Den Mangold auf einzelne Schüsseln verteilen, etwas Tahini-Sauce darüber geben und mit den Pinienkernen bestreuen. Zum Schluss mit Olivenöl beträufeln und nach Belieben mit etwas Paprika bestreuen.

31. Sabih

Macht: 4

ZUTATEN

- 2 große Auberginen (insgesamt ca. 750 g)
- etwa 1¼ Tassen / 300 ml Sonnenblumenöl
- 4 Scheiben hochwertiges Weißbrot, getoastet oder frische und saftige Mini-Pita
- 1 Tasse / 240 mlTahini-Sauce
- 4 große Eier aus Freilandhaltung, hartgekocht, geschält und in 1 cm dicke Scheiben geschnitten oder geviertelt
- etwa 4 ELZhoug
- Amba oder herzhafte Mangogurke (optional)
- Salz und frisch gemahlener schwarzer Pfeffer

GEHACKTER SALAT

- 2 mittelreife Tomaten, in 1 cm große Würfel geschnitten (insgesamt etwa 1 Tasse / 200 g)
- 2 Minigurken, in 1 cm große Würfel geschnitten (insgesamt etwa 1 Tasse / 120 g)
- 2 Frühlingszwiebeln, in dünne Scheiben geschnitten
- 1½ EL gehackte glatte Petersilie
- 2 TL frisch gepresster Zitronensaft
- 1½ EL Olivenöl

ANWEISUNGEN

a) Mit einem Gemüseschäler Streifen der Auberginenschale von oben nach unten abziehen, sodass auf den Auberginen abwechselnd Streifen aus schwarzer Schale und weißem Fruchtfleisch zurückbleiben, die wie Zebras aussehen. Schneiden Sie beide Auberginen der Breite nach in 2,5 cm dicke Scheiben. Bestreuen Sie sie auf beiden Seiten mit Salz, verteilen Sie sie dann auf einem Backblech und lassen Sie sie mindestens 30 Minuten lang stehen, um etwas Wasser zu entfernen. Wischen Sie sie mit Papiertüchern ab.

b) Das Sonnenblumenöl in einer breiten Bratpfanne erhitzen. Vorsichtig – das Öl spritzt – die Auberginenscheiben portionsweise schön dunkel braten, dabei einmal wenden, insgesamt 6 bis 8 Minuten. Fügen Sie bei Bedarf Öl hinzu, während Sie die Chargen kochen. Wenn die Auberginenstücke fertig sind, sollten sie in der Mitte ganz zart sein. Aus der Pfanne nehmen und auf Papiertüchern abtropfen lassen.

c) Bereiten Sie den gehackten Salat zu, indem Sie alle Zutaten vermischen und mit Salz und Pfeffer abschmecken.

d) Kurz vor dem Servieren 1 Scheibe Brot oder Pita auf jeden Teller legen. 1 Esslöffel Tahini-Sauce über jede Scheibe geben und die Auberginenscheiben überlappend darauf anordnen. Noch etwas Tahini darüber träufeln, aber die Auberginenscheiben nicht vollständig bedecken. Jede Eierscheibe mit Salz und Pfeffer würzen und über der Aubergine anrichten. Etwas mehr Tahini darüber träufeln und so viel Zhoug darüber löffeln, wie Sie möchten; Vorsicht, es ist heiß! Nach Belieben auch Mangogurke darüber geben. Servieren Sie den Gemüsesalat als Beilage und geben Sie nach Belieben etwas davon auf jede Portion.

32. Latkes

Ergibt: 12 LATKES

ZUTATEN

- 5½ Tassen / 600 g geschälte und geriebene, ziemlich festkochende Kartoffeln wie Yukon Gold
- 2¾ Tassen / 300 g geschälte und geriebene Pastinaken
- ⅔ Tasse / 30 g Schnittlauch, fein gehackt
- 4 Eiweiß
- 2 EL Maisstärke
- 5 EL / 80 g ungesalzene Butter
- 6½ EL / 100 ml Sonnenblumenöl
- Salz und frisch gemahlener schwarzer Pfeffer
- Sauerrahm, zum Servieren

ANWEISUNGEN

a) Spülen Sie die Kartoffel in einer großen Schüssel mit kaltem Wasser ab. In einem Sieb abtropfen lassen, überschüssiges Wasser ausdrücken und die Kartoffel dann auf einem sauberen Küchentuch ausbreiten, um sie vollständig zu trocknen.

b) In einer großen Schüssel Kartoffeln, Pastinaken, Schnittlauch, Eiweiß, Maisstärke, 1 Teelöffel Salz und reichlich schwarzen Pfeffer vermischen.

c) Die Hälfte der Butter und die Hälfte des Öls in einer großen Bratpfanne bei mittlerer bis hoher Hitze erhitzen. Nehmen Sie mit den Händen Portionen von etwa 2 Esslöffeln der Latke-Mischung heraus, drücken Sie sie fest aus, um einen Teil der Flüssigkeit zu entfernen, und formen Sie sie zu dünnen Pastetchen mit einer Dicke von etwa 3/8 Zoll / 1 cm und einem Durchmesser von 3¼ Zoll / 8 cm. Geben Sie vorsichtig so viele Latkes in die Pfanne, wie Sie bequem hineinpassen, drücken Sie sie vorsichtig nach unten und richten Sie sie mit der Rückseite eines Löffels aus. Bei mittlerer bis hoher Hitze von jeder Seite 3 Minuten braten. Die Latkes müssen außen vollständig braun sein. Nehmen Sie die frittierten Latkes aus dem Öl, legen Sie sie auf Papiertücher und halten Sie sie warm, während Sie den Rest kochen. Fügen Sie nach Bedarf die restliche Butter und das Öl hinzu. Sofort mit saurer Sahne als Beilage servieren.

HUMMUS

33. Einfacher Hummus

Macht: 6

ZUTATEN
- 1¼ Tassen / 250 g getrocknete Kichererbsen
- 1 TL Backpulver
- 6½ Tassen / 1,5 Liter Wasser
- 1 Tasse plus 2 EL / 270 g leichte Tahinipaste
- 4 EL frisch gepresster Zitronensaft
- 4 Knoblauchzehen, zerdrückt
- 6½ EL / 100 ml eiskaltes Wasser
- Salz

ANWEISUNGEN

a) Geben Sie die Kichererbsen am Vorabend in eine große Schüssel und bedecken Sie sie mindestens mit der doppelten Menge kaltem Wasser. Über Nacht einweichen lassen.

b) Am nächsten Tag die Kichererbsen abtropfen lassen. Stellen Sie einen mittelgroßen Topf auf hohe Hitze und geben Sie die abgetropften Kichererbsen und das Backpulver hinzu. Unter ständigem Rühren etwa 3 Minuten kochen lassen. Das Wasser hinzufügen und zum Kochen bringen. Beim Kochen den Schaum und die Schalen, die an der Oberfläche schwimmen, abschöpfen. Die Kichererbsen müssen je nach Sorte und Frische zwischen 20 und 40 Minuten kochen, manchmal sogar länger. Sobald sie fertig sind, sollten sie sehr zart sein und sich leicht auflösen, wenn man sie zwischen Daumen und Finger drückt, fast, aber nicht ganz matschig.

c) Die Kichererbsen abtropfen lassen. Sie sollten jetzt ungefähr 3⅔ Tassen / 600 g haben. Geben Sie die Kichererbsen in eine Küchenmaschine und verarbeiten Sie sie, bis eine steife Paste entsteht. Geben Sie dann bei laufender Maschine die Tahini-Paste, den Zitronensaft, den Knoblauch und 1½ Teelöffel Salz hinzu. Zum Schluss langsam das Eiswasser hineinträufeln und etwa 5 Minuten lang verrühren, bis eine sehr glatte und cremige Paste entsteht.

d) Den Hummus in eine Schüssel geben, die Oberfläche mit Frischhaltefolie abdecken und mindestens 30 Minuten ruhen lassen. Wenn Sie es nicht sofort verwenden, stellen Sie es bis zum Gebrauch in den Kühlschrank. Stellen Sie sicher, dass Sie es mindestens 30 Minuten vor dem Servieren aus dem Kühlschrank nehmen.

34. Hummus Kawarma (Lamm) mit Zitronensauce

Macht: 6

ZUTATEN
KAWARMA
- 10½ oz / 300 g Lammhalsfilet, von Hand fein gehackt
- ¼ TL frisch gemahlener schwarzer Pfeffer
- ¼ TL frisch gemahlener weißer Pfeffer
- 1 TL gemahlener Piment
- ½ TL gemahlener Zimt
- gute Prise frisch geriebene Muskatnuss
- 1 TL zerstoßene getrocknete Za'atar- oder Oreganoblätter
- 1 EL Weißweinessig
- 1 EL gehackte Minze
- 1 EL gehackte glatte Petersilie
- 1 TL Salz
- 1 EL ungesalzene Butter oder Ghee
- 1 TL Olivenöl

ZITRONENSAUCE
- ⅓ oz / 10 g glatte Petersilie, fein gehackt
- 1 grüne Chilischote, fein gehackt
- 4 EL frisch gepresster Zitronensaft
- 2 EL Weißweinessig
- 2 Knoblauchzehen, zerdrückt
- ¼ TL Salz

ANWEISUNGEN

a) Um das Kawarma zuzubereiten, geben Sie alle Zutaten außer Butter oder Ghee und Öl in eine mittelgroße Schüssel. Gut vermischen, abdecken und die Mischung 30 Minuten im Kühlschrank marinieren lassen.

b) Kurz bevor Sie das Fleisch zubereiten möchten, geben Sie alle Zutaten für die Zitronensauce in eine kleine Schüssel und rühren Sie gut um.

c) Butter oder Ghee und Olivenöl in einer großen Bratpfanne bei mittlerer bis hoher Hitze erhitzen. Fügen Sie das Fleisch in zwei oder drei Portionen hinzu und rühren Sie um, während Sie jede Portion 2 Minuten lang braten. Das Fleisch sollte in der Mitte hellrosa sein.

d) Verteilen Sie den Hummus auf sechs einzelne flache Schüsseln und lassen Sie in der Mitte jeder Schüssel eine leichte Mulde frei. Das warme Kawarma in die Mulde geben und mit den beiseite gelegten Kichererbsen bestreuen. Großzügig mit der Zitronensauce beträufeln und mit etwas Petersilie und Pinienkernen garnieren.

35. Musabaha (warme Kichererbsen mit Hummus) und geröstetes Pita

Macht: 6

ZUTATEN
- 1¼ Tassen / 250 g getrocknete Kichererbsen
- 1 TL Backpulver
- 1 EL gemahlener Kreuzkümmel
- 4½ EL / 70 g leichte Tahinipaste
- 3 EL frisch gepresster Zitronensaft
- 1 Knoblauchzehe, zerdrückt
- 2 EL eiskaltes Wasser
- 4 kleine Pitas (insgesamt 4 oz/120 g)
- 2 EL Olivenöl
- 2 EL gehackte glatte Petersilie
- 1 TL süßes Paprikapulver
- Salz und frisch gemahlener schwarzer Pfeffer

TAHINI-SAUCE
- 5 EL / 75 g leichte Tahinipaste
- ¼ Tasse / 60 ml Wasser
- 1 EL frisch gepresster Zitronensaft
- ½ Knoblauchzehe, zerdrückt

ZITRONENSAUCE
- ⅓ oz / 10 g glatte Petersilie, fein gehackt
- 1 grüne Chilischote, fein gehackt
- 4 EL frisch gepresster Zitronensaft
- 2 EL Weißweinessig
- 2 Knoblauchzehen, zerdrückt
- ¼ TL Salz

ANWEISUNGEN

a) Folge demEinfacher HummusRezept für die Methode zum Einweichen und Kochen der Kichererbsen, aber kochen Sie sie etwas weniger; Sie sollten noch einen kleinen Widerstand haben, aber noch vollständig durchgegart sein. Lassen Sie die gekochten Kichererbsen abtropfen und bewahren Sie ⅓ Tassen / 450 g mit dem aufgefangenen Kochwasser, dem Kreuzkümmel, ½ Teelöffel Salz und ¼ Teelöffel Pfeffer auf. Halten Sie die Mischung warm.

b) Geben Sie die restlichen Kichererbsen (1 Tasse / 150 g) in eine kleine Küchenmaschine und verarbeiten Sie sie, bis eine steife Paste entsteht. Geben Sie dann bei laufender Maschine die Tahini-Paste, den Zitronensaft, den Knoblauch und einen halben Teelöffel Salz hinzu. Zum Schluss langsam das Eiswasser dazuträufeln und ca. 3 Minuten verrühren, bis eine sehr glatte und cremige Paste entsteht. Lassen Sie den Hummus beiseite.

c) Während die Kichererbsen kochen, können Sie die anderen Zutaten des Gerichts vorbereiten. Für die Tahinisauce alle Zutaten und eine Prise Salz in eine kleine Schüssel geben. Gut vermischen und bei Bedarf noch etwas Wasser hinzufügen, um eine Konsistenz zu erhalten, die etwas flüssiger als Honig ist.

d) Als nächstes alle Zutaten für die Zitronensauce vermischen und beiseite stellen.

e) Öffnen Sie zum Schluss die Pitas und reißen Sie die beiden Seiten auseinander. 2 Minuten lang unter einen heißen Grill legen, bis es goldbraun und vollständig trocken ist. Lassen Sie es abkühlen, bevor Sie es in ungewöhnlich geformte Stücke brechen.

f) Den Hummus auf vier einzelne flache Schüsseln verteilen; Nivellieren Sie es nicht und drücken Sie es nicht nach unten, Sie möchten die Höhe. Die warmen Kichererbsen darüber geben, gefolgt von der Tahinisauce, der Zitronensauce und einem Schuss Olivenöl. Mit Petersilie und einer Prise Paprika garnieren und zusammen mit den gerösteten Pita-Stücken servieren.

BOHNEN UND KÖRNER

36. Falafel

Ergibt: ca. 20 Bälle

ZUTATEN

- 1¼ Tassen / 250 g getrocknete Kichererbsen
- ½ mittelgroße Zwiebel, fein gehackt (½ Tasse / insgesamt 80 g)
- 1 Knoblauchzehe, zerdrückt
- 1 EL fein gehackte glatte Petersilie
- 2 EL fein gehackter Koriander
- ¼ TL Cayennepfeffer
- ½ TL gemahlener Kreuzkümmel
- ½ TL gemahlener Koriander
- ¼ TL gemahlener Kardamom
- ½ TL Backpulver
- 3 EL Wasser
- 1½ EL Allzweckmehl
- ca. 3 Tassen / 750 ml Sonnenblumenöl, zum Frittieren
- ½ TL Sesamkörner zum Bestreichen
- Salz

ANWEISUNGEN

a) Geben Sie die Kichererbsen in eine große Schüssel und bedecken Sie sie mindestens mit der doppelten Menge kaltem Wasser. Zum Einweichen über Nacht beiseite stellen.

b) Am nächsten Tag die Kichererbsen gut abtropfen lassen und mit der Zwiebel, dem Knoblauch, der Petersilie und dem Koriander vermischen. Um die besten Ergebnisse zu erzielen, verwenden Sie für den nächsten Teil einen Fleischwolf. Geben Sie die Kichererbsenmischung einmal durch die Maschine, stellen Sie sie auf die feinste Stufe ein und lassen Sie sie dann ein zweites Mal durch die Maschine laufen. Wenn Sie keinen Fleischwolf haben, verwenden Sie eine Küchenmaschine. Schlagen Sie die Mischung portionsweise auf und rühren Sie sie jeweils 30 bis 40 Sekunden lang um, bis sie fein gehackt, aber nicht matschig oder pastös ist und sich zusammenhält. Nach der Verarbeitung Gewürze, Backpulver, ¾ Teelöffel Salz, Mehl und Wasser hinzufügen. Von Hand gut vermischen, bis eine glatte und gleichmäßige Masse entsteht. Decken Sie die Mischung ab und lassen Sie sie mindestens 1 Stunde lang oder bis zur Verwendung im Kühlschrank.

c) Füllen Sie einen tiefen mittelgroßen Topf mit starkem Boden mit so viel Öl, dass es 7 cm über den Pfannenrand reicht. Erhitzen Sie das Öl auf 180 °C.

d) Drücken Sie mit nassen Händen 1 Esslöffel der Mischung in Ihre Handfläche, um ein Pastetchen oder eine Kugel in der Größe einer kleinen Walnuss zu formen, etwa 25 g (Sie können hierfür auch einen nassen Eisportionierer verwenden).).

e) Bestreuen Sie die Kugeln gleichmäßig mit Sesamkörnern und frittieren Sie sie portionsweise 4 Minuten lang, bis sie gut gebräunt und durchgegart sind. Es ist wichtig, dass sie innen wirklich austrocknen. Stellen Sie daher sicher, dass sie genügend Zeit im Öl haben. In einem mit Papiertüchern ausgelegten Sieb abtropfen lassen und sofort servieren.

37. Weizenbeeren und Mangold mit Granatapfelmelasse

Macht: 4

ZUTATEN

- 1⅓ lb / 600 g Mangold oder Regenbogen-Mangold
- 2 EL Olivenöl
- 1 EL ungesalzene Butter
- 2 große Lauchstangen, weiße und hellgrüne Teile, in dünne Scheiben geschnitten (insgesamt 3 Tassen / 350 g)
- 2 EL hellbrauner Zucker
- etwa 3 EL Granatapfelmelasse
- 1¼ Tassen / 200 g geschälte oder ungeschälte Weizenbeeren
- 2 Tassen / 500 ml Hühnerbrühe
- Salz und frisch gemahlener schwarzer Pfeffer
- Griechischer Joghurt zum Servieren

ANWEISUNGEN

a) Trennen Sie die weißen Stängel des Mangolds mit einem kleinen, scharfen Messer von den grünen Blättern. Schneiden Sie die Stängel in 1 cm große Scheiben und die Blätter in 2 cm große Scheiben.

b) Öl und Butter in einer großen Pfanne mit starkem Boden erhitzen. Den Lauch dazugeben und unter Rühren 3 bis 4 Minuten kochen lassen. Die Mangoldstiele hinzufügen und 3 Minuten kochen lassen, dann die Blätter hinzufügen und weitere 3 Minuten kochen lassen. Den Zucker, 3 Esslöffel Granatapfelmelasse und die Weizenbeeren hinzufügen und gut vermischen. Die Brühe, ¾ Teelöffel Salz und etwas schwarzen Pfeffer hinzufügen, leicht köcheln lassen und bei schwacher Hitze zugedeckt 60 bis 70 Minuten kochen lassen. Der Weizen sollte zu diesem Zeitpunkt al dente sein.

c) Nehmen Sie den Deckel ab und erhöhen Sie bei Bedarf die Hitze, damit die restliche Flüssigkeit verdunsten kann. Der Boden der Pfanne sollte trocken sein und etwas verbranntes Karamell darauf aufweisen. Vom Herd nehmen.

d) Vor dem Servieren abschmecken und bei Bedarf noch mehr Melasse, Salz und Pfeffer hinzufügen. Sie möchten es scharf und süß, also seien Sie nicht schüchtern mit Ihrer Melasse. Warm servieren, mit einem Klecks griechischem Joghurt.

38.   Balilah

Macht: 4

ZUTATEN
- 1 Tasse / 200 g getrocknete Kichererbsen
- 1 TL Backpulver
- 1 Tasse / 60 g gehackte glatte Petersilie
- 2 Frühlingszwiebeln, in dünne Scheiben geschnitten
- 1 große Zitrone
- 3 EL Olivenöl
- 2½ TL gemahlener Kreuzkümmel
- Salz und frisch gemahlener schwarzer Pfeffer

ANWEISUNGEN

a) Am Vorabend die Kichererbsen in eine große Schüssel geben und mindestens das doppelte Volumen mit kaltem Wasser bedecken. Geben Sie das Backpulver hinzu und lassen Sie es über Nacht bei Zimmertemperatur einweichen.

b) Die Kichererbsen abtropfen lassen und in einen großen Topf geben. Mit reichlich kaltem Wasser bedecken und bei starker Hitze erhitzen. Zum Kochen bringen, die Wasseroberfläche abschöpfen, dann die Hitze reduzieren und 1 bis 1½ Stunden köcheln lassen, bis die Kichererbsen sehr weich sind, aber noch ihre Form behalten.

c) Während die Kichererbsen kochen, geben Sie die Petersilie und die Frühlingszwiebeln in eine große Rührschüssel. Schälen Sie die Zitrone, indem Sie die Schale und den Schwanz abschneiden, sie auf ein Brett legen und mit einem kleinen, scharfen Messer an den Rundungen entlangfahren, um die Schale und die weiße Schale zu entfernen. Schale, Mark und Kerne entfernen und das Fruchtfleisch grob hacken. Das Fruchtfleisch und den gesamten Saft in die Schüssel geben.

d) Sobald die Kichererbsen fertig sind, abgießen und noch heiß in die Schüssel geben. Fügen Sie Olivenöl, Kreuzkümmel, ¾ Teelöffel Salz und eine gute Prise Pfeffer hinzu. Gut mischen. Abkühlen lassen, bis es gerade noch warm ist, abschmecken und servieren.

39. Basmatireis und Orzo

Macht: 6

ZUTATEN

- 1⅓ Tassen / 250 g Basmatireis
- 1 EL geschmolzenes Ghee oder ungesalzene Butter
- 1 EL Sonnenblumenöl
- ½ Tasse / 85 g Orzo
- 2½ Tassen / 600 ml Hühnerbrühe
- 1 TL Salz

ANWEISUNGEN

a) Den Basmatireis gut waschen, dann in eine große Schüssel geben und mit reichlich kaltem Wasser bedecken. Lassen Sie es 30 Minuten lang einweichen und lassen Sie es dann abtropfen.

b) Erhitzen Sie das Ghee und das Öl bei mittlerer bis hoher Hitze in einem Topf mit mittelschwerem Boden, für den Sie einen Deckel haben. Den Orzo dazugeben und 3 bis 4 Minuten anbraten, bis die Körner dunkelgolden werden. Die Brühe hinzufügen, zum Kochen bringen und 3 Minuten kochen lassen. Den abgetropften Reis und das Salz dazugeben, leicht aufkochen lassen, ein- oder zweimal umrühren, die Pfanne abdecken und bei sehr schwacher Hitze 15 Minuten köcheln lassen. Lassen Sie sich nicht dazu verleiten, die Pfanne aufzudecken; Sie müssen den Reis richtig dämpfen lassen.

c) Schalten Sie den Herd aus, nehmen Sie den Deckel ab und decken Sie die Pfanne schnell mit einem sauberen Geschirrtuch ab. Legen Sie den Deckel wieder auf das Handtuch und lassen Sie es 10 Minuten lang stehen. Den Reis vor dem Servieren mit einer Gabel auflockern.

40. Safranreis mit Berberitzen, Pistazien und gemischten Kräutern

Macht: 6

ZUTATEN

- 2½ EL / 40 g ungesalzene Butter
- 2 Tassen / 360 g Basmatireis, unter kaltem Wasser abgespült und gut abtropfen lassen
- 2⅓ Tassen / 560 ml kochendes Wasser
- 1 TL Safranfäden, 30 Minuten in 3 EL kochendem Wasser eingeweicht
- ¼ Tasse / 40 g getrocknete Berberitzen, einige Minuten in kochendem Wasser mit einer Prise Zucker eingeweicht
- 1 oz / 30 g Dill, grob gehackt
- ⅔ oz / 20 g Kerbel, grob gehackt
- ⅓ oz / 10 g Estragon, grob gehackt
- ½ Tasse / 60 g gesplitterte oder zerstoßene ungesalzene Pistazien, leicht geröstet
- Salz und frisch gemahlener weißer Pfeffer

ANWEISUNGEN

a) Die Butter in einem mittelgroßen Topf schmelzen und den Reis einrühren. Dabei darauf achten, dass die Körner gut mit Butter bedeckt sind. Fügen Sie kochendes Wasser, 1 Teelöffel Salz und etwas weißen Pfeffer hinzu. Gut vermischen, mit einem dicht schließenden Deckel abdecken und bei sehr schwacher Hitze 15 Minuten kochen lassen. Lassen Sie sich nicht dazu verleiten, die Pfanne aufzudecken; Sie müssen den Reis richtig dämpfen lassen.

b) Nehmen Sie den Reistopf vom Herd – der Reis hat dann das gesamte Wasser aufgesogen – und gießen Sie das Safranwasser über eine Seite des Reises, sodass etwa ein Viertel der Oberfläche bedeckt ist und der größte Teil davon weiß bleibt. Decken Sie die Pfanne sofort mit einem Geschirrtuch ab und verschließen Sie sie wieder fest mit dem Deckel. 5 bis 10 Minuten ruhen lassen.

c) Mit einem großen Löffel den weißen Teil des Reises in eine große Rührschüssel geben und mit einer Gabel auflockern. Die Berberitzen abtropfen lassen und unterrühren, gefolgt von den Kräutern und den meisten Pistazien, einige davon zum Garnieren übrig lassen. Gut mischen. Den Safranreis mit einer Gabel auflockern und vorsichtig unter den weißen Reis heben. Mischen Sie nicht zu viel – Sie möchten nicht, dass die weißen Körner durch die gelben verfärbt werden. Abschmecken und nachwürzen. Geben Sie den Reis in eine flache Servierschüssel und streuen Sie die restlichen Pistazien darüber. Warm oder bei Zimmertemperatur servieren.

41. Basmati und Wildreis mit Kichererbsen, Johannisbeeren und Kräutern

Macht: 6

ZUTATEN
- ⅓ Tasse / 50 g Wildreis
- 2½ EL Olivenöl
- abgerundet 1 Tasse / 220 g Basmatireis
- 1½ Tassen / 330 ml kochendes Wasser
- 2 TL Kreuzkümmelsamen
- 1½ TL Currypulver
- 1½ Tassen / 240 g gekochte und abgetropfte Kichererbsen (aus der Dose reichen auch)
- ¾ Tasse / 180 ml Sonnenblumenöl
- 1 mittelgroße Zwiebel, in dünne Scheiben geschnitten
- 1½ TL Allzweckmehl
- ⅔ Tasse / 100 g Johannisbeeren
- 2 EL gehackte glatte Petersilie
- 1 EL gehackter Koriander
- 1 EL gehackter Dill
- Salz und frisch gemahlener schwarzer Pfeffer

ANWEISUNGEN
a) Geben Sie zunächst den Wildreis in einen kleinen Topf, bedecken Sie ihn mit reichlich Wasser, bringen Sie ihn zum Kochen und lassen Sie ihn etwa 40 Minuten lang köcheln, bis der Reis gar, aber noch recht fest ist. Abtropfen lassen und beiseite stellen.

b) Um den Basmatireis zu kochen, gießen Sie 1 Esslöffel Olivenöl in einen mittelgroßen Topf mit fest schließendem Deckel und stellen Sie ihn auf hohe Hitze. Geben Sie den Reis und ¼ Teelöffel Salz hinzu und rühren Sie um, während Sie den Reis erwärmen. Geben Sie vorsichtig das kochende Wasser hinzu, reduzieren Sie die Hitze auf eine sehr niedrige Stufe, decken Sie die Pfanne mit dem Deckel ab und lassen Sie das Ganze 15 Minuten lang kochen.

c) Nehmen Sie die Pfanne vom Herd, decken Sie sie mit einem sauberen Geschirrtuch und dann mit dem Deckel ab und lassen Sie den Herd 10 Minuten lang ausgeschaltet.

d) Während der Reis kocht, bereiten Sie die Kichererbsen vor. Die restlichen 1½ EL Olivenöl in einem kleinen Topf bei starker Hitze erhitzen. Fügen Sie die Kreuzkümmelsamen und das Currypulver hinzu, warten Sie ein paar Sekunden und fügen Sie dann die Kichererbsen und ¼ Teelöffel Salz hinzu; Stellen Sie sicher, dass Sie dies schnell tun, da sonst die Gewürze im Öl verbrennen könnten. Ein bis zwei Minuten bei der Hitze rühren, um die Kichererbsen zu erhitzen, dann in eine große Rührschüssel geben.

e) Wischen Sie den Topf sauber, gießen Sie das Sonnenblumenöl hinein und stellen Sie ihn auf hohe Hitze. Stellen Sie sicher, dass das Öl heiß ist, indem Sie ein kleines Stück Zwiebel hineingeben. es sollte kräftig brutzeln. Mischen Sie die Zwiebel mit den Händen mit dem Mehl, sodass sie leicht bedeckt ist. Nehmen Sie etwas von der Zwiebel und legen Sie sie vorsichtig (es könnte spritzen!) in das Öl. 2 bis 3 Minuten braten, bis es goldbraun ist, dann zum Abtropfen auf Papiertücher legen und mit Salz bestreuen. In mehreren Portionen wiederholen, bis alle Zwiebeln frittiert sind.

f) Zum Schluss beide Reissorten zu den Kichererbsen geben und anschließend die Johannisbeeren, Kräuter und Röstzwiebel hinzufügen. Umrühren, abschmecken und nach Belieben Salz und Pfeffer hinzufügen. Warm oder bei Zimmertemperatur servieren.

42. Gerstenrisotto mit mariniertem Feta

Macht: 4

ZUTATEN

- 1 Tasse / 200 g Graupen
- 2 EL / 30 g ungesalzene Butter
- 6 EL / 90 ml Olivenöl
- 2 kleine Selleriestangen, in 0,5 cm große Würfel geschnitten
- 2 kleine Schalotten, in 0,5 cm große Würfel geschnitten
- 4 Knoblauchzehen, in 2 mm große Würfel geschnitten
- 4 Thymianzweige
- ½ TL geräuchertes Paprikapulver
- 1 Lorbeerblatt
- 4 Streifen Zitronenschale
- ¼ TL Chiliflocken
- eine 400-g-Dose gehackte Tomaten
- 3 Tassen / 700 ml Gemüsebrühe
- 1¼ Tassen / 300 ml Passata (gesiebte zerdrückte Tomaten)
- 1 EL Kümmel
- 300 g Feta-Käse, in etwa 2 cm große Stücke gebrochen
- 1 EL frische Oreganoblätter
- Salz

ANWEISUNGEN

a) Graupen unter kaltem Wasser gut abspülen und abtropfen lassen.

b) Butter und 2 Esslöffel Olivenöl in einer sehr großen Pfanne schmelzen und Sellerie, Schalotten und Knoblauch bei schwacher Hitze 5 Minuten braten, bis sie weich sind. Gerste, Thymian, Paprika, Lorbeerblatt, Zitronenschale, Chiliflocken, Tomaten, Brühe, Passata und Salz hinzufügen. Zum Kombinieren umrühren. Die Mischung zum Kochen bringen, dann auf sehr niedrige Stufe köcheln lassen und 45 Minuten kochen lassen, dabei häufig umrühren, um sicherzustellen, dass das Risotto nicht am Boden der Pfanne hängen bleibt. Wenn die Gerste fertig ist, sollte sie zart sein und den größten Teil der Flüssigkeit aufgesogen haben.

c) In der Zwischenzeit den Kümmel in einer trockenen Pfanne einige Minuten rösten. Anschließend leicht zerdrücken, so dass noch einige ganze Kerne übrig bleiben. Mit den restlichen 4 Esslöffeln / 60 ml Olivenöl zum Feta geben und vorsichtig vermischen.

d) Sobald das Risotto fertig ist, prüfen Sie die Gewürze und verteilen Sie es dann auf vier flache Schüsseln. Jeweils mit dem marinierten Feta inklusive Öl belegen und mit einer Prise Oreganoblättern bestreuen.

43. Conchiglie mit Joghurt, Erbsen und Chile

Macht: 6

ZUTATEN

- 2½ Tassen / 500 g griechischer Joghurt
- ⅔ Tasse / 150 ml Olivenöl
- 4 Knoblauchzehen, zerdrückt
- 500 g frische oder aufgetaute gefrorene Erbsen
- 500 g Conchiglie-Nudeln
- ½ Tasse / 60 g Pinienkerne
- 2 TL türkische oder syrische Chiliflocken (oder weniger, je nachdem, wie scharf sie sind)
- 1⅓ Tassen / 40 g Basilikumblätter, grob zerzupft
- 8 oz / 240 g Feta-Käse, in Stücke gebrochen
- Salz und frisch gemahlener weißer Pfeffer

ANWEISUNGEN

a) Geben Sie den Joghurt, 6 Esslöffel / 90 ml Olivenöl, den Knoblauch und ⅔ Tasse / 100 g Erbsen in eine Küchenmaschine. Zu einer gleichmäßigen hellgrünen Soße pürieren und in eine große Rührschüssel geben.

b) Die Nudeln in reichlich kochendem Salzwasser al dente kochen. Während die Nudeln kochen, erhitzen Sie das restliche Olivenöl in einer kleinen Bratpfanne bei mittlerer Hitze. Pinienkerne und Chiliflocken dazugeben und 4 Minuten braten, bis die Nüsse goldbraun und das Öl tiefrot sind. Erhitzen Sie außerdem die restlichen Erbsen in etwas kochendem Wasser und lassen Sie sie abtropfen.

c) Lassen Sie die gekochten Nudeln in ein Sieb abtropfen, schütteln Sie sie gut, um das Wasser zu entfernen, und geben Sie die Nudeln nach und nach zur Joghurtsauce. Wenn man alles auf einmal hinzufügt, kann es sein, dass der Joghurt platzt. Fügen Sie die warmen Erbsen, Basilikum, Feta, 1 Teelöffel Salz und ½ Teelöffel weißen Pfeffer hinzu. Vorsichtig umrühren, in einzelne Schüsseln füllen und die Pinienkerne und ihr Öl darüber löffeln.

44. Mejadra

Macht: 6

ZUTATEN

- 1¼ Tassen / 250 g grüne oder braune Linsen
- 4 mittelgroße Zwiebeln (700 g vor dem Schälen)
- 3 EL Allzweckmehl
- etwa 1 Tasse / 250 ml Sonnenblumenöl
- 2 TL Kreuzkümmelsamen
- 1½ EL Koriandersamen
- 1 Tasse / 200 g Basmatireis
- 2 EL Olivenöl
- ½ TL gemahlener Kurkuma
- 1½ TL gemahlener Piment
- 1½ TL gemahlener Zimt
- 1 TL Zucker
- 1½ Tassen / 350 ml Wasser
- Salz und frisch gemahlener schwarzer Pfeffer

ANWEISUNGEN

a) Die Linsen in einen kleinen Topf geben, mit reichlich Wasser bedecken, zum Kochen bringen und 12 bis 15 Minuten kochen, bis die Linsen weich sind, aber noch etwas Biss haben. Abtropfen lassen und beiseite stellen.

b) Die Zwiebeln schälen und in dünne Scheiben schneiden. Auf einen großen, flachen Teller legen, mit Mehl und 1 Teelöffel Salz bestreuen und mit den Händen gut vermischen. Erhitzen Sie das Sonnenblumenöl in einem mittelschweren Topf bei starker Hitze. Stellen Sie sicher, dass das Öl heiß ist, indem Sie ein kleines Stück Zwiebel hineingeben. es sollte kräftig brutzeln. Reduzieren Sie die Hitze auf mittlere bis hohe Temperatur und fügen Sie vorsichtig (es könnte spritzen!) ein Drittel der in Scheiben geschnittenen Zwiebeln hinzu. 5 bis 7 Minuten braten, dabei gelegentlich mit einem Schaumlöffel umrühren, bis die Zwiebel eine schöne goldbraune Farbe annimmt und knusprig wird (passen Sie die Temperatur so an, dass die Zwiebel nicht zu schnell frittiert und anbrennt). Geben Sie die Zwiebel mit dem Löffel in ein mit Papiertüchern ausgelegtes Sieb und bestreuen Sie sie mit etwas mehr Salz. Machen Sie dasselbe mit den anderen beiden Zwiebelchargen; Bei Bedarf noch etwas Öl hinzufügen.

c) Wischen Sie den Topf, in dem Sie die Zwiebel gebraten haben, sauber und geben Sie die Kreuzkümmel- und Koriandersamen hinein. Bei mittlerer Hitze erhitzen und die Samen ein bis zwei Minuten lang rösten. Reis, Olivenöl, Kurkuma, Piment, Zimt, Zucker, ½ Teelöffel Salz und reichlich schwarzen Pfeffer hinzufügen. Rühren Sie um, um den Reis mit dem Öl zu bedecken, und fügen Sie dann die gekochten Linsen und das Wasser hinzu. Zum Kochen bringen, mit einem Deckel abdecken und bei sehr schwacher Hitze 15 Minuten köcheln lassen.

d) Vom Herd nehmen, den Deckel abnehmen und die Pfanne schnell mit einem sauberen Geschirrtuch abdecken. Mit dem Deckel fest verschließen und 10 Minuten ruhen lassen.

e) Zum Schluss die Hälfte der Röstzwiebel zum Reis und den Linsen geben und mit einer Gabel vorsichtig verrühren. Füllen Sie die Mischung in eine flache Servierschüssel und belegen Sie sie mit der restlichen Zwiebel.

45. Maqluba

Ergibt: 4 bis 6

ZUTATEN

- 2 mittelgroße Auberginen (insgesamt 1½ lb / 650 g), in 0,5 cm dicke Scheiben geschnitten
- 1⅔ Tassen / 320 g Basmatireis
- 6 bis 8 Hähnchenschenkel ohne Knochen, mit Haut, insgesamt etwa 800 g
- 1 große Zwiebel, der Länge nach geviertelt
- 10 schwarze Pfefferkörner
- 2 Lorbeerblätter
- 4 Tassen / 900 ml Wasser
- Sonnenblumenöl, zum Braten
- 1 mittelgroßer Blumenkohl (500 g), in große Röschen geteilt
- geschmolzene Butter zum Einfetten der Pfanne
- 3 bis 4 mittelreife Tomaten (insgesamt 12 oz / 350 g), in 0,5 cm dicke Scheiben geschnitten
- 4 große Knoblauchzehen, halbiert
- 1 TL gemahlener Kurkuma
- 1 TL gemahlener Zimt
- 1 TL gemahlener Piment
- ¼ TL frisch gemahlener schwarzer Pfeffer
- 1 TL Baharat-Gewürzmischung (im Laden gekauft odersiehe Rezept)
- 3½ EL / 30 g Pinienkerne, in 1 EL / 15 g Ghee oder ungesalzener Butter goldbraun frittieren
- Joghurt mit Gurke, dienen
- Salz

ANWEISUNGEN

a) Legen Sie die Auberginenscheiben auf Papiertücher, bestreuen Sie sie auf beiden Seiten mit Salz und lassen Sie sie 20 Minuten lang stehen, damit etwas Wasser verloren geht.

b) Den Reis waschen und in reichlich kaltem Wasser und 1 Teelöffel Salz mindestens 30 Minuten einweichen.

c) In der Zwischenzeit einen großen Topf bei mittlerer bis hoher Hitze erhitzen und das Hähnchen auf jeder Seite 3 bis 4 Minuten anbraten, bis es goldbraun ist (die Hähnchenhaut sollte genug Öl produzieren, um es zu braten; bei Bedarf etwas Sonnenblumenöl hinzufügen). Zwiebel, Pfefferkörner, Lorbeerblätter und Wasser hinzufügen. Zum Kochen bringen, dann abdecken und bei schwacher Hitze 20 Minuten kochen lassen. Nehmen Sie das Hähnchen aus der Pfanne und legen Sie es beiseite. Die Brühe abseihen und für später aufbewahren, dabei das Fett abschöpfen.

d) Während das Hähnchen kocht, erhitzen Sie einen Topf oder einen Schmortopf, vorzugsweise mit Antihaftbeschichtung und einem Durchmesser von etwa 24 cm (9½ Zoll) und einer Tiefe von 12 cm (5 Zoll), bei mittlerer bis hoher Hitze. Geben Sie so viel Sonnenblumenöl hinzu, dass es etwa 2 cm über den Pfannenrand reicht. Wenn Sie sehen, dass kleine Bläschen aufsteigen, legen Sie vorsichtig einige der Blumenkohlröschen in das Öl (es kann spritzen!), und braten Sie sie bis zu 3 Minuten lang goldbraun. Geben Sie die erste Portion mit einem Schaumlöffel auf Papiertücher und bestreuen Sie sie mit Salz. Mit dem restlichen Blumenkohl wiederholen.

e) Tupfen Sie die Auberginenscheiben mit Küchenpapier trocken und braten Sie sie ebenfalls portionsweise an.

f) Entfernen Sie das Öl aus der Pfanne und wischen Sie die Pfanne sauber. Wenn es sich nicht um eine beschichtete Pfanne handelt, legen Sie den Boden mit einem auf die exakte Größe zugeschnittenen Kreis aus Pergamentpapier aus und bestreichen Sie die Seiten mit etwas geschmolzener Butter. Jetzt können Sie die Maqluba aufschichten.

g) Ordnen Sie zunächst die Tomatenscheiben überlappend in einer Schicht an, gefolgt von den Auberginenscheiben. Als nächstes die Blumenkohlstücke und Hähnchenschenkel anrichten. Lassen Sie den Reis gut abtropfen, verteilen Sie ihn auf der letzten Schicht und streuen Sie die Knoblauchstücke darüber. Messen Sie 3 Tassen / 700 ml der reservierten Hühnerbrühe ab und mischen Sie alle Gewürze sowie 1 Teelöffel Salz unter. Gießen Sie dies über den Reis und drücken Sie es dann vorsichtig mit den Händen nach unten, sodass der gesamte Reis mit Brühe bedeckt ist. Bei Bedarf noch etwas Brühe oder Wasser hinzufügen.

h) Stellen Sie die Pfanne auf mittlere Hitze und lassen Sie es köcheln. Die Brühe muss nicht stark köcheln, aber Sie müssen sicherstellen, dass sie richtig kocht, bevor Sie die Pfanne mit einem Deckel abdecken, die Hitze auf eine niedrige Stufe reduzieren und 30 Minuten lang bei schwacher Hitze kochen. Lassen Sie sich nicht dazu verleiten, die Pfanne aufzudecken; Sie müssen den Reis richtig dämpfen lassen. Nehmen Sie die Pfanne vom Herd, nehmen Sie den Deckel ab, legen Sie schnell ein sauberes Geschirrtuch über die Pfanne und verschließen Sie sie wieder mit dem Deckel. 10 Minuten ruhen lassen.

i) Sobald Sie fertig sind, nehmen Sie den Deckel ab, drehen Sie einen großen runden Servierteller oder eine Servierplatte über die offene Pfanne und drehen Sie Pfanne und Teller vorsichtig, aber schnell um, wobei Sie beide Seiten gut festhalten. Lassen Sie die Pfanne 2 bis 3 Minuten auf dem Teller stehen und heben Sie sie dann langsam und vorsichtig ab. Mit den Pinienkernen garnieren und mit dem Joghurt mit Gurke servieren.

46.   Couscous mit Tomaten und Zwiebeln

Macht: 4

ZUTATEN

- 3 EL Olivenöl
- 1 mittelgroße Zwiebel, fein gehackt (insgesamt 1 Tasse / 160 g)
- 1 EL Tomatenmark
- ½ TL Zucker
- 2 sehr reife Tomaten, in 0,5 cm große Würfel geschnitten (insgesamt 1¾ Tassen / 320 g)
- 1 Tasse / 150 g Couscous
- 1 Tasse / 220 ml kochende Hühner- oder Gemüsebrühe
- 2½ EL / 40 g ungesalzene Butter
- Salz und frisch gemahlener schwarzer Pfeffer

ANWEISUNGEN

a) Gießen Sie 2 Esslöffel Olivenöl in eine beschichtete Pfanne mit einem Durchmesser von etwa 22 cm und stellen Sie sie auf mittlere Hitze. Fügen Sie die Zwiebel hinzu und kochen Sie sie 5 Minuten lang unter häufigem Rühren, bis sie weich, aber nicht verfärbt ist. Tomatenmark und Zucker einrühren und 1 Minute kochen lassen. Die Tomaten, ½ Teelöffel Salz und etwas schwarzen Pfeffer hinzufügen und 3 Minuten kochen lassen.

b) In der Zwischenzeit den Couscous in eine flache Schüssel geben, mit der kochenden Brühe übergießen und mit Frischhaltefolie abdecken. 10 Minuten ruhen lassen, dann den Deckel abnehmen und den Couscous mit einer Gabel auflockern. Die Tomatensauce dazugeben und gut umrühren.

c) Wischen Sie die Pfanne sauber und erhitzen Sie die Butter und den restlichen 1 Esslöffel Olivenöl bei mittlerer Hitze. Wenn die Butter geschmolzen ist, geben Sie den Couscous in die Pfanne und tupfen Sie ihn mit der Rückseite des Löffels vorsichtig ab, damit alles fest verpackt ist. Decken Sie die Pfanne ab, reduzieren Sie die Hitze auf die niedrigste Stufe und lassen Sie den Couscous 10 bis 12 Minuten lang dämpfen, bis an den Rändern eine hellbraune Farbe zu erkennen ist. Verwenden Sie einen versetzten Spatel oder ein Messer, um zwischen dem Rand des Couscous und dem Rand der Pfanne zu blicken: Sie möchten einen wirklich scharfen Rand am Boden und an den Seiten haben.

d) Stellen Sie einen großen Teller auf die Pfanne und drehen Sie Pfanne und Teller schnell um, sodass der Couscous auf den Teller gelangt. Warm oder bei Zimmertemperatur servieren.

SUPPEN

47. <u>Brunnenkresse-Kichererbsen-Suppe mit Rosenwasser</u>

Macht: 4

ZUTATEN

- 2 mittelgroße Karotten (insgesamt 250 g), in 2 cm große Würfel geschnitten
- 3 EL Olivenöl
- 2½ TL Ras el Hanout
- ½ TL gemahlener Zimt
- 1½ Tassen / 240 g gekochte Kichererbsen, frisch oder aus der Dose
- 1 mittelgroße Zwiebel, in dünne Scheiben geschnitten
- 2½ EL / 15 g geschälter und fein gehackter frischer Ingwer
- 2½ Tassen / 600 ml Gemüsebrühe
- 7 oz / 200 g Brunnenkresse
- 3½ oz / 100 g Spinatblätter
- 2 TL feinster Zucker
- 1 TL Rosenwasser
- Salz
- Griechischer Joghurt zum Servieren (optional)
- Heizen Sie den Ofen auf 220 °C vor.

ANWEISUNGEN

a) Die Karotten mit 1 Esslöffel Olivenöl, Ras el Hanout, Zimt und einer großzügigen Prise Salz vermischen und flach in einer mit Backpapier ausgelegten Bratpfanne verteilen. Für 15 Minuten in den Ofen geben, dann die Hälfte der Kichererbsen dazugeben, gut umrühren und weitere 10 Minuten garen, bis die Karotte weich, aber noch bissig ist.

b) In der Zwischenzeit die Zwiebel und den Ingwer in einen großen Topf geben. Mit dem restlichen Olivenöl etwa 10 Minuten bei mittlerer Hitze anbraten, bis die Zwiebel ganz weich und goldbraun ist. Die restlichen Kichererbsen, Brühe, Brunnenkresse, Spinat, Zucker und ¾ Teelöffel Salz hinzufügen, gut umrühren und zum Kochen bringen. Ein oder zwei Minuten kochen lassen, bis die Blätter welk sind.

c) Mit einer Küchenmaschine oder einem Mixer die Suppe pürieren, bis eine glatte Masse entsteht. Das Rosenwasser hinzufügen, umrühren, abschmecken und nach Belieben noch mehr Salz oder Rosenwasser hinzufügen. Beiseite stellen, bis die Karotte und die Kichererbsen fertig sind, dann zum Servieren erneut erhitzen.

d) Zum Servieren die Suppe auf vier Schüsseln verteilen und mit der heißen Karotte und den Kichererbsen sowie nach Belieben etwa 2 Teelöffel Joghurt pro Portion belegen.

48. Heiße Joghurt-Gersten-Suppe

Macht: 4

ZUTATEN

- 6¾ Tassen / 1,6 Liter Wasser
- 1 Tasse / 200 g Graupen
- 2 mittelgroße Zwiebeln, fein gehackt
- 1½ TL getrocknete Minze
- 4 EL / 60 g ungesalzene Butter
- 2 große Eier, geschlagen
- 2 Tassen / 400 g griechischer Joghurt
- ⅔ oz / 20 g frische Minze, gehackt
- ⅓ oz / 10 g glatte Petersilie, gehackt
- 3 Frühlingszwiebeln, in dünne Scheiben geschnitten
- Salz und frisch gemahlener schwarzer Pfeffer

ANWEISUNGEN

a) Das Wasser mit der Gerste in einem großen Topf zum Kochen bringen, 1 Teelöffel Salz hinzufügen und 15 bis 20 Minuten köcheln lassen, bis die Gerste gar, aber noch al dente ist. Vom Herd nehmen. Nach dem Kochen benötigen Sie für die Suppe 4¾ Tassen / 1,1 Liter der Kochflüssigkeit; Füllen Sie Wasser nach, wenn aufgrund der Verdunstung weniger Wasser übrig bleibt.

b) Während die Gerste kocht, braten Sie die Zwiebel und die getrocknete Minze bei mittlerer Hitze in der Butter an, bis sie weich sind, etwa 15 Minuten. Fügen Sie dies der gekochten Gerste hinzu.

c) Eier und Joghurt in einer großen hitzebeständigen Rührschüssel verquirlen. Mischen Sie langsam etwas Gerste und Wasser, eine Kelle nach der anderen, hinzu, bis der Joghurt warm ist. Dadurch werden Joghurt und Eier temperiert und verhindern, dass sie platzen, wenn sie der heißen Flüssigkeit hinzugefügt werden. Den Joghurt in den Suppentopf geben und bei mittlerer Hitze unter ständigem Rühren erhitzen, bis die Suppe ganz leicht köchelt. Vom Herd nehmen, die gehackten Kräuter und Frühlingszwiebeln hinzufügen und die Gewürze prüfen. Heiß servieren.

49. Cannellini-Bohnen-Lamm-Suppe

Macht: 4

ZUTATEN

- 1 EL Sonnenblumenöl
- 1 kleine Zwiebel (insgesamt 5 oz / 150 g), fein gehackt
- ¼ kleine Selleriewurzel, geschält und in 0,5 cm große Würfel geschnitten (insgesamt 6 oz / 170 g)
- 20 große Knoblauchzehen, geschält, aber ganz
- 1 TL gemahlener Kreuzkümmel
- 500 g Lammeintopffleisch (oder Rindfleisch, wenn Sie möchten), in 2 cm große Würfel geschnitten
- 7 Tassen / 1,75 Liter Wasser
- ½ Tasse / 100 g getrocknete Cannellini- oder Pintobohnen, über Nacht in reichlich kaltem Wasser eingeweicht und dann abgetropft
- 7 Kardamomkapseln, leicht zerdrückt
- ½ TL gemahlener Kurkuma
- 2 EL Tomatenmark
- 1 TL feinster Zucker
- 250 g Yukon Gold oder eine andere gelbfleischige Kartoffel, geschält und in 2 cm große Würfel geschnitten
- Salz und frisch gemahlener schwarzer Pfeffer
- Brot, zum Servieren
- frisch gepresster Zitronensaft zum Servieren
- gehackter Koriander oderZhoug

ANWEISUNGEN

a) Das Öl in einer großen Bratpfanne erhitzen und die Zwiebel und die Selleriewurzel bei mittlerer bis hoher Hitze 5 Minuten lang anbraten, oder bis die Zwiebel anfängt zu bräunen. Knoblauchzehen und Kreuzkümmel hinzufügen und weitere 2 Minuten kochen lassen. Vom Herd nehmen und beiseite stellen.

b) Geben Sie das Fleisch und das Wasser in einen großen Topf oder Schmortopf bei mittlerer bis hoher Hitze, bringen Sie es zum Kochen, reduzieren Sie die Hitze und lassen Sie es 10 Minuten köcheln, wobei Sie die Oberfläche häufig abschöpfen, bis eine klare Brühe entsteht. Fügen Sie die Zwiebel-Sellerie-Mischung, die abgetropften Bohnen, Kardamom, Kurkuma, Tomatenmark und Zucker hinzu. Zum Kochen bringen, abdecken und 1 Stunde lang leicht köcheln lassen, oder bis das Fleisch zart ist.

c) Die Kartoffeln zur Suppe geben und mit 1 Teelöffel Salz und ½ Teelöffel schwarzem Pfeffer würzen. Zum Kochen bringen, die Hitze reduzieren und ohne Deckel weitere 20 Minuten köcheln lassen, oder bis die Kartoffeln und Bohnen weich sind. Die Suppe sollte dick sein. Lassen Sie es bei Bedarf etwas länger sprudeln, um es zu reduzieren, oder fügen Sie etwas Wasser hinzu. Probieren Sie es ab und würzen Sie es nach Belieben weiter. Servieren Sie die Suppe mit Brot und etwas Zitronensaft und frisch gehacktem Koriander oder Zhoug.

50. Meeresfrüchte- und Fenchelsuppe

Macht: 4

ZUTATEN

- 2 EL Olivenöl
- 4 Knoblauchzehen, in dünne Scheiben geschnitten
- 2 Fenchelknollen (insgesamt 10½ oz / 300 g), geputzt und in dünne Spalten geschnitten
- 1 große festkochende Kartoffel (insgesamt 200 g), geschält und in 1,5 cm große Würfel geschnitten
- 3 Tassen / 700 ml Fischbrühe (oder Hühner- oder Gemüsebrühe, falls gewünscht)
- ½ mittelgroße konservierte Zitrone (insgesamt ½ oz / 15 g), im Laden gekauft odersiehe Rezept
- 1 rote Chilischote, in Scheiben geschnitten (optional)
- 6 Tomaten (insgesamt 14 oz / 400 g), geschält und in Viertel geschnitten
- 1 EL süßes Paprikapulver
- gute Prise Safran
- 4 EL fein gehackte glatte Petersilie
- 4 Seebarschfilets (insgesamt ca. 300 g), mit Haut, halbiert
- 14 Muscheln (insgesamt ca. 220 g)
- 15 Muscheln (insgesamt ca. 140 g)
- 10 Riesengarnelen (insgesamt ca. 220 g), in der Schale oder geschält und entdarmt
- 3 EL Arak, Ouzo oder Pernod
- 2 TL gehackter Estragon (optional)
- Salz und frisch gemahlener schwarzer Pfeffer

ANWEISUNGEN

a) Olivenöl und Knoblauch in eine breite Bratpfanne mit niedrigem Rand geben und bei mittlerer Hitze 2 Minuten braten, ohne den Knoblauch zu verfärben. Fenchel und Kartoffel unterrühren und weitere 3 bis 4 Minuten kochen lassen. Die Brühe und die eingelegte Zitrone hinzufügen, mit ¼ Teelöffel Salz und etwas schwarzem Pfeffer würzen, zum Kochen bringen, dann zugedeckt bei schwacher Hitze 12 bis 14 Minuten kochen lassen, bis die Kartoffeln gar sind. Chili (falls verwendet), Tomaten, Gewürze und die Hälfte der Petersilie hinzufügen und weitere 4 bis 5 Minuten kochen lassen.

b) Zu diesem Zeitpunkt weitere 1¼ Tassen / 300 ml Wasser hinzufügen, einfach so viel, wie gerade benötigt wird, um den Fisch gerade zum Pochieren zu bedecken, und erneut zum Kochen bringen. Den Wolfsbarsch und die Schalentiere dazugeben, die Pfanne abdecken und 3 bis 4 Minuten lang kräftig kochen lassen, bis sich die Schalentiere öffnen und die Garnelen rosa werden.

c) Den Fisch und die Schalentiere mit einem Schaumlöffel aus der Suppe nehmen. Wenn die Suppe noch etwas wässrig ist, lassen Sie sie noch ein paar Minuten kochen, um sie zu reduzieren. Den Arak dazugeben und zum Würzen abschmecken.

d) Zum Schluss die Schalentiere und den Fisch wieder in die Suppe geben, um sie aufzuwärmen. Sofort servieren, garniert mit der restlichen Petersilie und ggf. Estragon.

51.   Pistaziensuppe

Macht: 4

ZUTATEN

- 2 EL kochendes Wasser
- ¼ TL Safranfäden
- 1⅔ Tassen / 200 g geschälte, ungesalzene Pistazien
- 2 EL / 30 g ungesalzene Butter
- 4 Schalotten, fein gehackt (insgesamt 3½ oz / 100 g)
- 25 g Ingwer, geschält und fein gehackt
- 1 Lauch, fein gehackt (insgesamt 1¼ Tassen / 150 g)
- 2 TL gemahlener Kreuzkümmel
- 3 Tassen / 700 ml Hühnerbrühe
- ⅓ Tasse / 80 ml frisch gepresster Orangensaft
- 1 EL frisch gepresster Zitronensaft
- Salz und frisch gemahlener schwarzer Pfeffer
- Sauerrahm, zum Servieren

ANWEISUNGEN

a) Heizen Sie den Ofen auf 350 °F / 180 °C vor. Die Safranfäden in einer kleinen Tasse mit kochendem Wasser übergießen und 30 Minuten ziehen lassen.

b) Um die Pistazienschalen zu entfernen, blanchieren Sie die Nüsse eine Minute lang in kochendem Wasser, lassen sie abtropfen und entfernen Sie die Schalen, während sie noch heiß sind, indem Sie die Nüsse zwischen Ihren Fingern drücken. Es lösen sich nicht alle Schalen wie bei Mandeln – das ist in Ordnung, da es die Suppe nicht beeinträchtigt – aber wenn man etwas Schale entfernt, verbessert sich die Farbe und sie erhält ein leuchtenderes Grün. Die Pistazien auf einem Backblech verteilen und 8 Minuten im Ofen rösten. Herausnehmen und abkühlen lassen.

c) Die Butter in einem großen Topf erhitzen und Schalotten, Ingwer, Lauch, Kreuzkümmel, ½ Teelöffel Salz und etwas schwarzen Pfeffer hinzufügen. Bei mittlerer Hitze 10 Minuten unter häufigem Rühren anbraten, bis die Schalotten ganz weich sind. Die Brühe und die Hälfte der Safranflüssigkeit hinzufügen.

Decken Sie die Pfanne ab, reduzieren Sie die Hitze und lassen Sie die Suppe 20 Minuten köcheln.

d) Alle Pistazien bis auf einen Esslöffel zusammen mit der Hälfte der Suppe in eine große Schüssel geben. Mit einem Stabmixer pürieren, bis eine glatte Masse entsteht, und zurück in den Topf geben. Den Orangen- und Zitronensaft hinzufügen, erneut erhitzen und abschmecken, um die Würze anzupassen.

e) Zum Servieren die beiseite gestellten Pistazien grob hacken. Die heiße Suppe in Schüsseln füllen und mit einem Löffel Sauerrahm belegen. Mit den Pistazien bestreuen und mit der restlichen Safranflüssigkeit beträufeln.

52. Verbrannte Auberginen- und Mograbieh-Suppe

Macht: 4

ZUTATEN

- 5 kleine Auberginen (insgesamt ca. 1,2 kg)
- Sonnenblumenöl, zum Braten
- 1 Zwiebel, in Scheiben geschnitten (insgesamt etwa 1 Tasse / 125 g)
- 1 EL Kreuzkümmelsamen, frisch gemahlen
- 1½ TL Tomatenmark
- 2 große Tomaten (insgesamt 12 oz / 350 g), gehäutet und gewürfelt
- 1½ Tassen / 350 ml Hühner- oder Gemüsebrühe
- 1⅔ Tassen / 400 ml Wasser
- 4 Knoblauchzehen, zerdrückt
- 2½ TL Zucker
- 2 EL frisch gepresster Zitronensaft
- ⅓ Tasse / 100 g Mograbieh oder eine Alternative wie Maftoul, Fregola oder Riesen-Couscous (sieheAbschnitt über Couscous)
- 2 EL geraspeltes Basilikum oder 1 EL gehackter Dill, optional
- Salz und frisch gemahlener schwarzer Pfeffer

ANWEISUNGEN

a) Beginnen Sie damit, drei der Auberginen zu verbrennen. Befolgen Sie dazu die Anweisungen fürVerbrannte Aubergine mit Knoblauch, Zitrone und Granatapfelkernen.

b) Schneiden Sie die restlichen Auberginen in 1,5 cm große Würfel. Etwa ⅔ Tasse / 150 ml Öl in einem großen Topf bei mittlerer bis hoher Hitze erhitzen. Wenn es heiß ist, fügen Sie die Auberginenwürfel hinzu. Unter häufigem Rühren 10 bis 15 Minuten braten, bis es überall Farbe hat; Bei Bedarf noch etwas Öl hinzufügen, damit immer etwas Öl in der Pfanne ist. Die Aubergine herausnehmen, zum Abtropfen in ein Sieb geben und mit Salz bestreuen.

c) Stellen Sie sicher, dass noch etwa 1 Esslöffel Öl in der Pfanne ist, geben Sie dann die Zwiebel und den Kreuzkümmel hinzu und braten Sie es etwa 7 Minuten lang unter häufigem Rühren an. Fügen Sie das Tomatenmark hinzu und kochen Sie es eine weitere Minute lang, bevor Sie die Tomaten, die Brühe, das Wasser, den Knoblauch, den Zucker, den Zitronensaft, 1½ Teelöffel Salz und etwas schwarzen Pfeffer hinzufügen. 15 Minuten leicht köcheln lassen.

d) In der Zwischenzeit einen kleinen Topf mit Salzwasser zum Kochen bringen und das Mograbieh oder eine Alternative hinzufügen. al dente kochen; Dies variiert je nach Marke, sollte aber 15 bis 18 Minuten dauern (siehe Packung). Abgießen und unter kaltem Wasser abschrecken.

e) Geben Sie das verbrannte Auberginenfleisch in die Suppe und pürieren Sie es mit einem Handmixer zu einer glatten Flüssigkeit. Den Mograbieh und die gebratenen Auberginen dazugeben, etwas zum Garnieren übrig lassen und weitere 2 Minuten köcheln lassen. Abschmecken und nachwürzen. Heiß servieren, mit dem reservierten Mograbieh und den gebratenen Auberginen belegen und nach Belieben mit Basilikum oder Dill garnieren.

53. Tomaten-Sauerteig-Suppe

Macht: 4

ZUTATEN

- 2 EL Olivenöl, plus etwas zum Schluss
- 1 große Zwiebel, gehackt (insgesamt 1⅓ Tassen / 250 g)
- 1 TL Kreuzkümmelsamen
- 2 Knoblauchzehen, zerdrückt
- 3 Tassen / 750 ml Gemüsebrühe
- 4 große reife Tomaten, gehackt (insgesamt 4 Tassen / 650 g)
- eine 400-g-Dose gehackte italienische Tomaten
- 1 EL feinster Zucker
- 1 Scheibe Sauerteigbrot (insgesamt 1½ oz / 40 g)
- 2 EL gehackter Koriander, plus etwas zum Schluss
- Salz und frisch gemahlener schwarzer Pfeffer

ANWEISUNGEN

a) Das Öl in einem mittelgroßen Topf erhitzen und die Zwiebel hinzufügen. Unter häufigem Rühren etwa 5 Minuten anbraten, bis die Zwiebel glasig ist. Kreuzkümmel und Knoblauch hinzufügen und 2 Minuten braten. Gießen Sie die Brühe, beide Tomatensorten, Zucker, 1 Teelöffel Salz und eine gute Prise schwarzen Pfeffer hinzu.

b) Die Suppe leicht köcheln lassen und 20 Minuten kochen lassen. Nach der Hälfte der Garzeit das in Stücke gerissene Brot hinzufügen. Zum Schluss den Koriander hinzufügen und dann mit einem Mixer in ein paar Stößen pürieren, sodass die Tomaten zerfallen, aber noch etwas grob und stückig sind. Die Suppe sollte ziemlich dick sein; Fügen Sie etwas Wasser hinzu, wenn es zu diesem Zeitpunkt zu dick ist. Mit Öl beträufelt und mit frischem Koriander bestreut servieren.

54. Klare Hühnersuppe mit Knaidlach

Macht: 4

ZUTATEN

- 1 Freilandhuhn, etwa 2 kg, in Viertel geteilt, mit allen Knochen, plus Innereien, falls Sie welche bekommen können, und eventuell zusätzliche Flügel oder Knochen, die Sie beim Metzger bekommen können
- 1½ TL Sonnenblumenöl
- 1 Tasse / 250 ml trockener Weißwein
- 2 Karotten, geschält und in 2 cm große Scheiben geschnitten (insgesamt 2 Tassen / 250 g)
- 4 Selleriestangen (insgesamt etwa 300 g), in 6 cm große Stücke geschnitten
- 2 mittelgroße Zwiebeln (insgesamt ca. 12 oz/350 g), in 8 Spalten geschnitten
- 1 große Rübe (7 oz/200 g), geschält, geputzt und in 8 Segmente geschnitten
- 2 oz / 50 g Bund glatte Petersilie
- 2 oz / 50 g Bund Koriander
- 5 Thymianzweige
- 1 kleiner Rosmarinzweig
- ¾ oz / 20 g Dill, plus etwas mehr zum Garnieren
- 3 Lorbeerblätter
- 3½ oz / 100 g frischer Ingwer, in dünne Scheiben geschnitten
- 20 schwarze Pfefferkörner
- 5 Pimentbeeren
- Salz

KNAIDLACH (Marken: 12 bis 15)

- 2 extragroße Eier
- 2½ EL / 40 g Margarine oder Hühnerfett, geschmolzen und etwas abkühlen lassen
- 2 EL fein gehackte glatte Petersilie
- ⅔ Tasse / 75 g Matzemehl
- 4 EL Sodawasser
- Salz und frisch gemahlener schwarzer Pfeffer

ANWEISUNGEN

a) Für den Knaidlach die Eier in einer mittelgroßen Schüssel schaumig schlagen. Die geschmolzene Margarine, dann ½ Teelöffel Salz, etwas schwarzen Pfeffer und die Petersilie unterrühren. Nach und nach das Matzenmehl und anschließend das Sodawasser einrühren und zu einer gleichmäßigen Paste verrühren. Decken Sie die Schüssel ab und lassen Sie den Teig mindestens ein bis zwei Stunden und bis zu einem Tag im Voraus kalt und fest werden.

b) Ein Backblech mit Plastikfolie auslegen. Mit nassen Händen und einem Löffel aus dem Teig Kugeln in der Größe kleiner Walnüsse formen und auf das Backblech legen.

c) Geben Sie die Matzenbällchen in einen großen Topf mit leicht kochendem Salzwasser. Einen Teil mit einem Deckel abdecken und die Hitze auf eine niedrige Stufe reduzieren. Etwa 30 Minuten sanft köcheln lassen, bis es weich ist.

d) Geben Sie den Knabberlachs mit einem Schaumlöffel auf ein sauberes Backblech, wo er abkühlen kann, und lassen Sie ihn dann bis zu einem Tag kalt. Oder sie kommen direkt in die heiße Suppe.

e) Für die Suppe überschüssiges Fett vom Huhn abschneiden und wegwerfen. Gießen Sie das Öl in einen sehr großen Topf oder Schmortopf und braten Sie die Hähnchenstücke bei starker Hitze von allen Seiten 3 bis 4 Minuten lang an. Aus der Pfanne nehmen, das Öl wegschütten und die Pfanne auswischen. Den Wein hinzufügen und eine Minute lang sprudeln lassen. Geben Sie das Huhn zurück, bedecken Sie es mit Wasser und lassen Sie es ganz leicht köcheln. Etwa 10 Minuten köcheln lassen, dabei den Schaum abschöpfen. Karotten, Sellerie, Zwiebeln und Rüben hinzufügen. Alle Kräuter mit einer Schnur zu einem Bündel zusammenbinden und in den Topf geben. Lorbeerblätter, Ingwer, Pfefferkörner, Piment und 1½ Teelöffel Salz hinzufügen und dann so viel Wasser hinzufügen, dass alles gut bedeckt ist.

f) Die Suppe wieder ganz leicht köcheln lassen und 1½ Stunden kochen lassen, dabei gelegentlich abschöpfen und nach Bedarf Wasser hinzufügen, damit alles gut bedeckt bleibt. Heben Sie das

Huhn aus der Suppe und lösen Sie das Fleisch von den Knochen. Bewahren Sie das Fleisch in einer Schüssel mit etwas Brühe auf, damit es feucht bleibt, und stellen Sie es in den Kühlschrank. für eine andere Verwendung reservieren. Die Knochen zurück in den Topf geben und eine weitere Stunde köcheln lassen. Dabei gerade so viel Wasser hinzufügen, dass die Knochen und das Gemüse bedeckt bleiben. Die heiße Suppe abseihen und die Kräuter, das Gemüse und die Knochen wegwerfen. Das gekochte Knabberlachs in der Suppe erwärmen. Sobald sie heiß sind, Suppe und Knabberlachs in flachen Schüsseln servieren und mit Dill bestreut servieren.

55. Würzige Freekeh-Suppe mit Fleischbällchen

Macht: 6
FLEISCHKLÖSSCHEN

ZUTATEN

- 14 oz / 400 g Rinder- oder Lammhackfleisch oder eine Kombination aus beidem
- 1 kleine Zwiebel (insgesamt 5 oz / 150 g), fein gewürfelt
- 2 EL fein gehackte glatte Petersilie
- ½ TL gemahlener Piment
- ¼ TL gemahlener Zimt
- 3 EL Allzweckmehl
- 2 EL Olivenöl
- Salz und frisch gemahlener schwarzer Pfeffer
- SUPPE
- 2 EL Olivenöl
- 1 große Zwiebel (insgesamt 250 g), gehackt
- 3 Knoblauchzehen, zerdrückt
- 2 Karotten (insgesamt 250 g), geschält und in 1 cm große Würfel geschnitten
- 2 Selleriestangen (insgesamt 5 oz/150 g), in ⅜-Zoll/1 cm große Würfel geschnitten
- 3 große Tomaten (insgesamt 12 oz / 350 g), gehackt
- 2½ EL / 40 g Tomatenmark
- 1 EL Baharat-Gewürzmischung (im Laden gekauft odersiehe Rezept)
- 1 EL gemahlener Koriander
- 1 Zimtstange
- 1 EL feinster Zucker
- 1 Tasse / 150 g gebrochenes Freekeh
- 2 Tassen / 500 ml Rinderbrühe
- 2 Tassen / 500 ml Hühnerbrühe
- 3¼ Tassen / 800 ml heißes Wasser
- ⅓ oz / 10 g Koriander, gehackt
- 1 Zitrone, in 6 Spalten geschnitten

ANWEISUNGEN

a) Beginnen Sie mit den Fleischbällchen. In einer großen Schüssel Fleisch, Zwiebel, Petersilie, Piment, Zimt, ½ Teelöffel Salz und ¼ Teelöffel Pfeffer vermischen. Mit den Händen gut vermischen, dann aus der Mischung Kugeln in Ping-Pong-Größe formen und diese im Mehl wälzen; Sie erhalten etwa 15. Erhitzen Sie das Olivenöl in einem großen Schmortopf und braten Sie die Fleischbällchen bei mittlerer Hitze einige Minuten lang, bis sie von allen Seiten goldbraun sind. Die Fleischbällchen herausnehmen und beiseite stellen.

b) Wischen Sie die Pfanne mit Papiertüchern aus und geben Sie das Olivenöl für die Suppe hinzu. Bei mittlerer Hitze Zwiebel und Knoblauch 5 Minuten anbraten. Karotten und Sellerie hinzufügen und 2 Minuten kochen lassen. Tomaten, Tomatenmark, Gewürze, Zucker, 2 Teelöffel Salz und ½ Teelöffel Pfeffer hinzufügen und noch 1 Minute kochen lassen. Freekeh einrühren und 2 bis 3 Minuten kochen lassen. Brühe, heißes Wasser und Fleischbällchen hinzufügen. Zum Kochen bringen, die Hitze reduzieren und unter gelegentlichem Rühren weitere 35 bis 45 Minuten ganz sanft köcheln lassen, bis das Freekeh prall und zart ist. Die Suppe sollte ziemlich dick sein. Nach Bedarf reduzieren oder etwas Wasser hinzufügen. Abschließend abschmecken und nachwürzen.

c) Die heiße Suppe in Servierschüsseln füllen und mit dem Koriander bestreuen. Die Zitronenspalten als Beilage servieren.

AUSGESTOPFT

56. Mit Lammfleisch gefüllte Quitte mit Granatapfel und Koriander

Macht: 4

ZUTATEN

- 14 oz / 400 g Lammhackfleisch
- 1 Knoblauchzehe, zerdrückt
- 1 rote Chilischote, gehackt
- ⅔ oz / 20 g Koriander, gehackt, plus 2 EL zum Garnieren
- ½ Tasse / 50 g Semmelbrösel
- 1 TL gemahlener Piment
- 2 EL fein geriebener frischer Ingwer
- 2 mittelgroße Zwiebeln, fein gehackt (insgesamt 1⅓ Tassen / 220 g)
- 1 großes Freilandei
- 4 Quitten (insgesamt 2¾ lb / 1,3 kg)
- Saft einer halben Zitrone, dazu 1 EL frisch gepresster Zitronensaft
- 3 EL Olivenöl
- 8 Kardamomkapseln
- 2 TL Granatapfelmelasse
- 2 TL Zucker
- 2 Tassen / 500 ml Hühnerbrühe
- Kerne von ½ Granatapfel
- Salz und frisch gemahlener schwarzer Pfeffer

ANWEISUNGEN

a) Das Lammfleisch zusammen mit Knoblauch, Chili, Koriander, Semmelbröseln, Piment, der Hälfte des Ingwers, der Hälfte der Zwiebel, dem Ei, ¾ Teelöffel Salz und etwas Pfeffer in eine Rührschüssel geben. Mit den Händen gut vermischen und beiseite stellen.

b) Die Quitte schälen und der Länge nach halbieren. Geben Sie sie mit dem Saft einer halben Zitrone in eine Schüssel mit kaltem Wasser, damit sie nicht braun werden. Entfernen Sie die Kerne mit einem Kugelausstecher oder einem kleinen Löffel und höhlen Sie dann die Quittenhälften aus, so dass eine 1,5 cm große Schale übrig bleibt. Bewahren Sie das ausgehöhlte Fruchtfleisch auf.

Füllen Sie die Mulden mit der Lammmischung und drücken Sie sie mit den Händen nach unten.

c) Erhitzen Sie das Olivenöl in einer großen Bratpfanne, für die Sie einen Deckel haben. Geben Sie das zurückbehaltene Quittenfleisch in eine Küchenmaschine, zerkleinern Sie es gut und geben Sie die Mischung dann zusammen mit der restlichen Zwiebel, dem Ingwer und den Kardamomkapseln in die Pfanne. 10 bis 12 Minuten anbraten, bis die Zwiebel weich ist. Melasse, 1 Esslöffel Zitronensaft, Zucker, Brühe, ½ Teelöffel Salz und etwas schwarzen Pfeffer hinzufügen und gut vermischen. Die Quittenhälften mit der Fleischfüllung nach oben in die Soße geben, die Hitze reduzieren und leicht köcheln lassen, die Pfanne abdecken und etwa 30 Minuten kochen lassen. Am Ende sollte die Quitte ganz weich, das Fleisch durchgegart und die Soße dickflüssig sein. Heben Sie den Deckel an und lassen Sie es ein oder zwei Minuten köcheln, um die Soße bei Bedarf zu reduzieren.

d) Warm oder bei Zimmertemperatur servieren, mit Koriander und Granatapfelkernen bestreut servieren.

57. Rüben-Kalbs-Kuchen

Macht: 4

ZUTATEN
- 1⅔ Tassen / 300 g Basmatireis
- 14 oz / 400 g Hackfleisch vom Kalb, Lamm oder Rind
- ½ Tasse / 30 g gehackte glatte Petersilie
- 1½ TL Baharat-Gewürzmischung (im Laden gekauft odersiehe Rezept)
- ½ TL gemahlener Zimt
- ½ TL Chiliflocken
- 2 EL Olivenöl
- 10 bis 15 mittelgroße Rüben (insgesamt 1,5 kg)
- etwa 1⅔ Tassen / 400 ml Sonnenblumenöl
- 2 Tassen / 300 g gehackte Tomaten aus der Dose sind ausreichend
- 1½ EL Tamarindenpaste
- ¾ Tasse plus 2 EL / 200 ml Hühnerbrühe, scharf
- 1 Tasse / 250 ml Wasser
- 1½ EL feinster Zucker
- 2 Zweige Thymian, Blätter abgezupft
- Salz und frisch gemahlener schwarzer Pfeffer

ANWEISUNGEN
a) Den Reis waschen und gut abtropfen lassen. In eine große Rührschüssel geben und Fleisch, Petersilie, Baharat, Zimt, 2 Teelöffel Salz, ½ Teelöffel Pfeffer, Chili und Olivenöl hinzufügen. Gut vermischen und beiseite stellen.

b) Schälen Sie die Rüben und schneiden Sie sie in 1 cm dicke Scheiben. Bei mittlerer bis hoher Hitze so viel Sonnenblumenöl erhitzen, dass es 2 cm über den Rand einer großen Bratpfanne reicht. Die Rübenscheiben portionsweise jeweils 3 bis 4 Minuten goldbraun braten. Auf einen mit Küchenpapier ausgelegten Teller geben, mit etwas Salz bestreuen und abkühlen lassen.

c) Tomaten, Tamarinde, Brühe, Wasser, Zucker, 1 Teelöffel Salz und ½ Teelöffel Pfeffer in eine große Rührschüssel geben. Gut verquirlen. Gießen Sie etwa ein Drittel dieser Flüssigkeit in einen mittelgroßen Topf mit dickem Boden (24 cm Durchmesser). Ein Drittel der Rübenscheiben darin anordnen. Die Hälfte der Reismischung dazugeben und glatt streichen. Eine weitere Schicht Rüben anrichten, gefolgt von der zweiten Hälfte des Reises. Mit den letzten Rüben abschließen und mit den Händen leicht andrücken. Die restliche Tomatenflüssigkeit über die Rüben- und Reisschichten gießen und mit Thymian bestreuen. Schieben Sie einen Spatel vorsichtig an den Seiten des Topfes entlang, damit der Saft nach unten fließen kann.

d) Bei mittlerer Hitze erhitzen und zum Kochen bringen. Reduzieren Sie die Hitze auf ein absolutes Minimum, decken Sie das Ganze ab und lassen Sie es 1 Stunde lang köcheln. Vom Herd nehmen, abdecken und vor dem Servieren 10 bis 15 Minuten ruhen lassen. Leider ist es nicht möglich, den Kuchen umzudrehen, da er seine Form nicht behält und daher ausgelöffelt werden muss.

58. Gefüllte Zwiebeln

Ergibt: ETWA 16 GEFÜLLTE ZWIEBELN

ZUTATEN

- 4 große Zwiebeln (insgesamt 2 lb / 900 g, geschältes Gewicht) etwa 1⅓ Tassen / 400 ml Gemüsebrühe
- 1½ EL Granatapfelmelasse
- Salz und frisch gemahlener schwarzer Pfeffer
- FÜLLUNG
- 1½ EL Olivenöl
- 1 Tasse / 150 g fein gehackte Schalotten
- ½ Tasse / 100 g Rundkornreis
- ¼ Tasse / 35 g Pinienkerne, zerkleinert
- 2 EL gehackte frische Minze
- 2 EL gehackte glatte Petersilie
- 2 TL getrocknete Minze
- 1 TL gemahlener Kreuzkümmel
- ⅛ TL gemahlene Nelke
- ¼ TL gemahlener Piment
- ¾ TL Salz
- ½ TL frisch gemahlener schwarzer Pfeffer
- 4 Zitronenschnitze (optional)

ANWEISUNGEN

a) Schälen Sie die Spitzen und Schwänze der Zwiebeln und schneiden Sie sie etwa 0,5 cm ab. Geben Sie die geschnittenen Zwiebeln in einen großen Topf mit reichlich Wasser, bringen Sie sie zum Kochen und kochen Sie sie 15 Minuten lang. Abgießen und zum Abkühlen beiseite stellen.

b) Um die Füllung zuzubereiten, erhitzen Sie das Olivenöl in einer mittelgroßen Pfanne bei mittlerer bis hoher Hitze und fügen Sie die Schalotten hinzu. Unter häufigem Rühren 8 Minuten lang anbraten und dann alle restlichen Zutaten außer den Zitronenschnitzen hinzufügen. Stellen Sie die Hitze auf niedrig und kochen und rühren Sie 10 Minuten lang weiter.

c) Machen Sie mit einem kleinen Messer einen langen Schnitt von der Oberseite der Zwiebel bis zur Unterseite, der bis zur Mitte reicht, sodass jede Zwiebelschicht nur einen Schlitz aufweist. Beginnen Sie vorsichtig, die Zwiebelschichten eine nach der anderen zu trennen, bis Sie das Kerngehäuse erreichen. Machen Sie sich keine Sorgen, wenn einige der Schichten durch das Peeling ein wenig reißen; Sie können sie weiterhin verwenden.

d) Halten Sie eine Zwiebelschicht in einer hohlen Hand und löffeln Sie etwa 1 Esslöffel der Reismischung in eine Hälfte der Zwiebel, wobei Sie die Füllung nahe an einem Ende der Öffnung platzieren. Lassen Sie sich nicht dazu verleiten, es noch mehr zu füllen, denn es muss schön und kuschelig verpackt sein. Falten Sie die leere Seite der Zwiebel über die gefüllte Seite und rollen Sie sie fest auf, sodass der Reis mit einigen Zwiebelschichten bedeckt ist und keine Luft in der Mitte ist. Mit der Nahtseite nach unten in eine mittelgroße Bratpfanne mit Deckel geben und mit der restlichen Zwiebel-Reis-Mischung fortfahren. Legen Sie die Zwiebeln nebeneinander in die Pfanne, sodass kein Platz zum Bewegen entsteht. Füllen Sie alle Zwischenräume mit nicht gefüllten Teilen der Zwiebel. So viel Brühe dazugeben, dass die Zwiebeln zu drei Vierteln bedeckt sind, zusammen mit der Granatapfelmelasse und mit ¼ Teelöffel Salz würzen.

e) Decken Sie die Pfanne ab und lassen Sie das Ganze 1½ bis 2 Stunden lang auf niedrigster Stufe köcheln, bis die Flüssigkeit verdampft ist. Warm oder bei Zimmertemperatur servieren, nach Belieben mit Zitronenspalten.

59. Öffne Kibbeh

Macht: 6

ZUTATEN

- 1 Tasse / 125 g feiner Bulgurweizen
- 1 Tasse / 200 ml Wasser
- 6 EL / 90 ml Olivenöl
- 2 Knoblauchzehen, zerdrückt
- 2 mittelgroße Zwiebeln, fein gehackt
- 1 grüne Chilischote, fein gehackt
- 12 oz / 350 g Lammhackfleisch
- 1 TL gemahlener Piment
- 1 TL gemahlener Zimt
- 1 TL gemahlener Koriander
- 2 EL grob gehackter Koriander
- ½ Tasse / 60 g Pinienkerne
- 3 EL grob gehackte glatte Petersilie
- 2 EL selbstaufgehendes Mehl, bei Bedarf etwas mehr
- 3½ EL / 50 g leichte Tahinipaste
- 2 TL frisch gepresster Zitronensaft
- 1 TL Sumach
- Salz und frisch gemahlener schwarzer Pfeffer

ANWEISUNGEN

a) Heizen Sie den Ofen auf 400 °F / 200 °C vor. Eine Springform (8 Zoll / 20 cm) mit Wachspapier auslegen.

b) Den Bulgur in eine große Schüssel geben und mit Wasser bedecken. 30 Minuten einwirken lassen.

c) In der Zwischenzeit 4 Esslöffel Olivenöl in einer großen Pfanne bei mittlerer bis hoher Hitze erhitzen. Knoblauch, Zwiebel und Chili anbraten, bis sie ganz weich sind. Nehmen Sie alles aus der Pfanne, stellen Sie es wieder auf hohe Hitze und geben Sie das Lammfleisch hinzu. 5 Minuten unter ständigem Rühren kochen, bis es braun ist.

d) Geben Sie die Zwiebelmischung wieder in die Pfanne und geben Sie die Gewürze, Koriander, ½ Teelöffel Salz, eine großzügige

Prise schwarzen Pfeffer sowie den Großteil der Pinienkerne und Petersilie hinzu und lassen Sie etwas beiseite. Einige Minuten kochen lassen, vom Herd nehmen, abschmecken und die Gewürze anpassen.

e) Überprüfen Sie, ob der Bulgur das gesamte Wasser aufgesogen hat. Abgießen, um restliche Flüssigkeit zu entfernen. Fügen Sie das Mehl, 1 Esslöffel Olivenöl, ¼ Teelöffel Salz und eine Prise schwarzen Pfeffer hinzu und verarbeiten Sie alles mit den Händen zu einer geschmeidigen Mischung, die einfach zusammenhält. Fügen Sie noch etwas Mehl hinzu, wenn die Mischung sehr klebrig ist. Drücken Sie fest auf den Boden der Springform, damit dieser verdichtet und eben wird. Die Lammmasse gleichmäßig darauf verteilen und etwas andrücken. Etwa 20 Minuten backen, bis das Fleisch ziemlich dunkelbraun und sehr heiß ist.

f) Während Sie warten, verrühren Sie die Tahini-Paste mit dem Zitronensaft, 3½ EL/50 ml Wasser und einer Prise Salz. Sie sind auf der Suche nach einer sehr dicken, aber dennoch gießbaren Soße. Bei Bedarf noch etwas Wasser hinzufügen.

g) Nehmen Sie den Kibbeh-Kuchen aus dem Ofen, verteilen Sie die Tahini-Sauce gleichmäßig darauf, bestreuen Sie ihn mit den beiseite gelegten Pinienkernen und gehackter Petersilie und stellen Sie ihn sofort wieder in den Ofen. 10 bis 12 Minuten backen, bis das Tahini gerade erst fest geworden ist, etwas Farbe angenommen hat und die Pinienkerne goldbraun sind.

h) Aus dem Ofen nehmen und abkühlen lassen, bis es warm oder auf Zimmertemperatur ist. Vor dem Servieren den Sumach darüberstreuen und mit dem restlichen Öl beträufeln. Entfernen Sie vorsichtig den Pfannenrand und schneiden Sie das Kibbeh in Scheiben. Heben Sie sie vorsichtig an, damit sie nicht zerbrechen.

60. Kubbeh Hamusta

Macht: 6

ZUTATEN
KUBBEH-FÜLLUNG
- 1½ EL Sonnenblumenöl
- ½ mittelgroße Zwiebel, sehr fein gehackt (½ Tasse / insgesamt 75 g)
- 12 oz / 350 g Hackfleisch
- ½ TL gemahlener Piment
- 1 große Knoblauchzehe, zerdrückt
- 2 helle Selleriestangen, sehr fein gehackt, oder eine gleiche Menge gehackte Sellerieblätter (insgesamt ½ Tasse / 60 g)
- Salz und frisch gemahlener schwarzer Pfeffer
- KUBBEH-FÄLLE
- 2 Tassen / 325 g Grieß
- 5 EL / 40 g Allzweckmehl
- 1 Tasse / 220 ml heißes Wasser
- SUPPE
- 4 Knoblauchzehen, zerdrückt
- 5 Selleriestangen, Blätter abgezupft und schräg in 1,5 cm große Scheiben geschnitten (insgesamt 2 Tassen / 230 g)
- 10½ oz / 300 g Mangoldblätter, nur der grüne Teil, in 2 cm breite Streifen geschnitten
- 2 EL Sonnenblumenöl
- 1 große Zwiebel, grob gehackt (insgesamt 1¼ Tassen / 200 g)
- 2 Quarts / 2 Liter Hühnerbrühe
- 1 große Zucchini, in 1 cm große Würfel geschnitten (insgesamt 1⅔ Tassen / 200 g)
- 6½ EL / 100 ml frisch gepresster Zitronensaft, bei Bedarf etwas mehr
- Zitronenspalten zum Servieren

ANWEISUNGEN

a) Bereiten Sie zunächst die Fleischfüllung vor. Das Öl in einer mittelgroßen Pfanne erhitzen und die Zwiebel hinzufügen. Bei mittlerer Hitze ca. 5 Minuten kochen, bis es durchscheinend ist. Fügen Sie das Rindfleisch, Piment, ¾ Teelöffel Salz und eine gute Prise schwarzen Pfeffer hinzu und rühren Sie alles 3 Minuten lang um, bis es braun ist. Reduzieren Sie die Hitze auf mittlere bis niedrige Stufe und lassen Sie das Fleisch unter gelegentlichem Rühren etwa 20 Minuten lang langsam garen, bis es vollständig trocken ist. Zum Schluss Knoblauch und Sellerie hinzufügen, weitere 3 Minuten kochen lassen und vom Herd nehmen. Abschmecken und nachwürzen. Abkühlen lassen.

b) Während die Rindfleischmischung kocht, bereiten Sie die Kubbeh-Förmchen vor. Grieß, Mehl und ¼ Teelöffel Salz in einer großen Rührschüssel vermischen. Nach und nach das Wasser hinzufügen und mit einem Holzlöffel und dann mit den Händen umrühren, bis ein klebriger Teig entsteht. Mit einem feuchten Tuch abdecken und 15 Minuten ruhen lassen.

c) Den Teig einige Minuten auf einer Arbeitsfläche kneten. Es muss geschmeidig und streichfähig sein, ohne zu reißen. Bei Bedarf etwas Wasser oder Mehl hinzufügen. Um die Knödel zuzubereiten, nehmen Sie eine Schüssel mit Wasser und befeuchten Sie Ihre Hände (stellen Sie sicher, dass Ihre Hände während des gesamten Vorgangs nass sind, damit sie nicht kleben). Nehmen Sie ein etwa 30 g schweres Stück Teig und drücken Sie es in Ihrer Handfläche flach. Sie streben Scheiben mit einem Durchmesser von 4 Zoll/10 cm an. Etwa 2 Teelöffel der Füllung in die Mitte geben. Falten Sie die Ränder über die Füllung, um sie zu bedecken, und verschließen Sie sie dann innen. Rollen Sie das Kubbeh zwischen Ihren Händen zu einer Kugel und drücken Sie es dann in eine runde, flache Form mit einer Dicke von etwa 3 cm. Die Knödel auf ein mit Frischhaltefolie bedecktes und mit etwas Wasser beträufeltes Tablett legen und beiseite stellen.

d) Für die Suppe den Knoblauch, die Hälfte des Selleries und die Hälfte des Mangolds in eine Küchenmaschine geben und zu einer groben Paste verarbeiten. Das Öl in einem großen Topf bei mittlerer Hitze erhitzen und die Zwiebel etwa 10 Minuten lang anbraten, bis sie hellgolden ist. Sellerie- und Mangoldpaste hinzufügen und weitere 3 Minuten kochen lassen. Brühe, Zucchini, restlichen Sellerie und Mangold, Zitronensaft, 1 Teelöffel Salz und ½ Teelöffel schwarzen Pfeffer hinzufügen. Zum Kochen bringen und 10 Minuten kochen lassen, dann abschmecken und die Gewürze anpassen. Es muss scharf sein, also fügen Sie bei Bedarf einen weiteren Esslöffel Zitronensaft hinzu.

e) Zum Schluss das Kubbeh vorsichtig nach und nach in die Suppe geben, damit es nicht aneinander kleben bleibt, und 20 Minuten leicht köcheln lassen. Eine gute halbe Stunde ruhen lassen, damit sie sich setzen und weich werden können, dann erneut erhitzen und servieren. Für den extra Zitronen-Kick gibt es noch eine Zitronenscheibe dazu.

61. Gefüllte Romano-Paprika

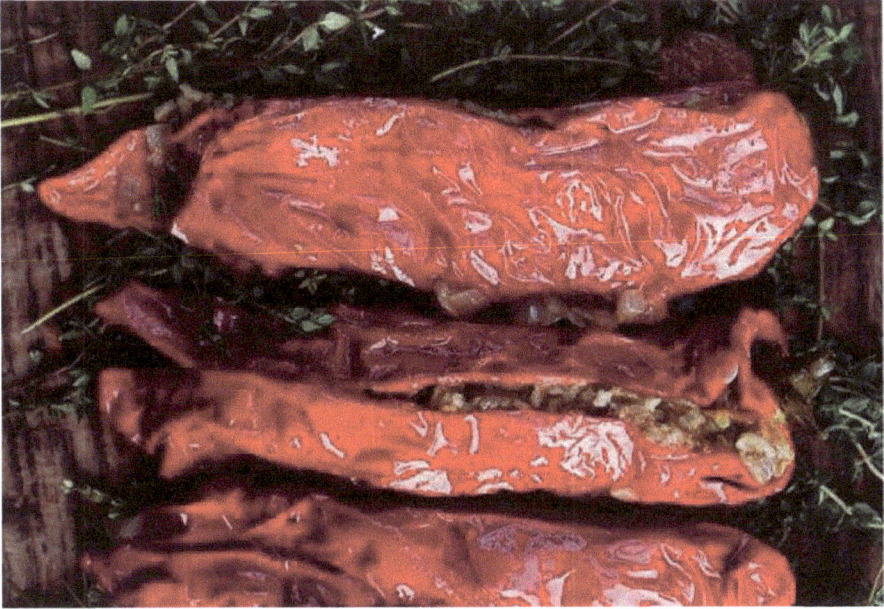

Ergibt: 4 GROSSZÜGIG

ZUTATEN

- 8 mittelgroße Romano- oder andere Paprikaschoten
- 1 große Tomate, grob gehackt (insgesamt 1 Tasse / 170 g)
- 2 mittelgroße Zwiebeln, grob gehackt (insgesamt 1⅔ Tassen / 250 g)
- ca. 2 Tassen / 500 ml Gemüsebrühe
- FÜLLUNG
- ¾ Tasse / 140 g Basmatireis
- 1½ EL Baharat-Gewürzmischung (im Laden gekauft odersiehe Rezept)
- ½ TL gemahlener Kardamom
- 2 EL Olivenöl
- 1 große Zwiebel, fein gehackt (insgesamt 1⅓ Tassen / 200 g)
- 14 oz / 400 g Lammhackfleisch
- 2½ EL gehackte glatte Petersilie
- 2 EL gehackter Dill
- 1½ EL getrocknete Minze
- 1½ TL Zucker
- Salz und frisch gemahlener schwarzer Pfeffer

ANWEISUNGEN

a) Beginnen Sie mit der Füllung. Den Reis in einen Topf geben und mit leicht gesalzenem Wasser bedecken. Zum Kochen bringen und dann 4 Minuten kochen lassen. Abgießen, unter kaltem Wasser abschrecken und beiseite stellen.

b) Die Gewürze in einer Bratpfanne trocken anbraten. Olivenöl und Zwiebel dazugeben und unter häufigem Rühren etwa 7 Minuten braten, bis die Zwiebel weich ist. Geben Sie dies zusammen mit Reis, Fleisch, Kräutern, Zucker und 1 Teelöffel Salz in eine große Rührschüssel. Mit den Händen alles gut vermischen.

c) Beginnen Sie am Ende des Stiels und schneiden Sie jede Paprika mit einem kleinen Messer der Länge nach zu drei Vierteln durch, ohne den Stiel zu entfernen, sodass eine lange Öffnung entsteht. Entfernen Sie die Kerne, ohne die Paprika zu stark aufzudrücken, und füllen Sie dann jede Paprika mit der gleichen Menge der Mischung.

d) Geben Sie die gehackten Tomaten und Zwiebeln in eine sehr große Bratpfanne, für die Sie einen dicht schließenden Deckel haben. Ordnen Sie die Paprikaschoten dicht nebeneinander darauf an und gießen Sie gerade so viel Brühe hinein, dass sie 1 cm über den Rand der Paprikaschoten reicht. Mit ½ Teelöffel Salz und etwas schwarzem Pfeffer würzen. Die Pfanne mit einem Deckel abdecken und bei niedrigster Hitze eine Stunde lang köcheln lassen. Wichtig ist, dass die Füllung gerade gedämpft ist, daher muss der Deckel fest sitzen; Stellen Sie sicher, dass sich immer etwas Flüssigkeit am Boden der Pfanne befindet. Servieren Sie die Paprika warm, nicht heiß oder bei Zimmertemperatur.

62. Gefüllte Aubergine mit Lammfleisch und Pinienkernen

Ergibt: 4 GROSSZÜGIG

ZUTATEN

- 4 mittelgroße Auberginen (ca. 1,2 kg), der Länge nach halbiert
- 6 EL / 90 ml Olivenöl
- 1½ TL gemahlener Kreuzkümmel
- 1½ EL süßer Paprika
- 1 EL gemahlener Zimt
- 2 mittelgroße Zwiebeln (insgesamt 12 oz / 340 g), fein gehackt
- 1 Pfund / 500 g Lammhackfleisch
- 7 EL / 50 g Pinienkerne
- ⅔ oz / 20 g glatte Petersilie, gehackt
- 2 TL Tomatenmark
- 3 TL feinster Zucker
- ⅔ Tasse / 150 ml Wasser
- 1½ EL frisch gepresster Zitronensaft
- 1 TL Tamarindenpaste
- 4 Zimtstangen
- Salz und frisch gemahlener schwarzer Pfeffer

ANWEISUNGEN

a) Heizen Sie den Ofen auf 220 °C vor.

b) Legen Sie die Auberginenhälften mit der Hautseite nach unten in einen Bräter, der groß genug ist, um sie bequem unterzubringen. Das Fruchtfleisch mit 4 Esslöffeln Olivenöl bestreichen und mit 1 Teelöffel Salz und reichlich schwarzem Pfeffer würzen. Etwa 20 Minuten lang rösten, bis es goldbraun ist. Aus dem Ofen nehmen und etwas abkühlen lassen.

c) Während die Auberginen kochen, können Sie mit der Füllung beginnen, indem Sie die restlichen 2 Esslöffel Olivenöl in einer großen Bratpfanne erhitzen. Kreuzkümmel, Paprika und gemahlenen Zimt vermischen und die Hälfte dieser Gewürzmischung zusammen mit den Zwiebeln in die Pfanne geben. Bei mittlerer bis hoher Hitze unter häufigem Rühren etwa 8 Minuten kochen lassen, dann das Lammfleisch, Pinienkerne,

Petersilie, Tomatenmark, 1 Teelöffel Zucker, 1 Teelöffel Salz und etwas schwarzen Pfeffer hinzufügen. Weiter kochen und weitere 8 Minuten rühren, bis das Fleisch gar ist.

d) Die restliche Gewürzmischung in eine Schüssel geben und Wasser, Zitronensaft, Tamarinde, die restlichen 2 Teelöffel Zucker, die Zimtstangen und ½ Teelöffel Salz hinzufügen; gut mischen.

e) Reduzieren Sie die Ofentemperatur auf 375 °F / 195 °C. Gießen Sie die Gewürzmischung auf den Boden des Auberginen-Bräters. Die Lammmischung auf jede Aubergine geben. Decken Sie die Pfanne fest mit Aluminiumfolie ab, stellen Sie sie wieder in den Ofen und rösten Sie sie 1½ Stunden lang. Zu diesem Zeitpunkt sollten die Auberginen vollständig weich und die Soße dickflüssig sein. Zweimal während des Kochens die Folie entfernen und die Auberginen mit der Soße begießen. Falls die Soße austrocknet, etwas Wasser hinzufügen. Warm, nicht heiß oder bei Zimmertemperatur servieren.

63. Gefüllte Kartoffeln

Ergibt: 4 bis 6

ZUTATEN

- 1 Pfund / 500 g Hackfleisch
- ca. 2 Tassen / 200 g Weißbrotkrümel
- 1 mittelgroße Zwiebel, fein gehackt (¾ Tasse / insgesamt 120 g)
- 2 Knoblauchzehen, zerdrückt
- ⅔ oz / 20 g glatte Petersilie, fein gehackt
- 2 EL Thymianblätter, gehackt
- 1½ TL gemahlener Zimt
- 2 große Freilandeier, geschlagen
- 1,5 kg mittelgroße Yukon-Gold-Kartoffeln, etwa 9 x 6 cm (3¾ x 2¼ Zoll), geschält und der Länge nach halbiert
- 2 EL gehackter Koriander
- Salz und frisch gemahlener schwarzer Pfeffer

TOMATENSAUCE

- 2 EL Olivenöl
- 5 Knoblauchzehen, zerdrückt
- 1 mittelgroße Zwiebel, fein gehackt (¾ Tasse / insgesamt 120 g)
- 1½ Selleriestangen, fein gehackt (⅔ Tasse / insgesamt 80 g)
- 1 kleine Karotte, geschält und fein gehackt (½ Tasse / insgesamt 70 g)
- 1 rote Chilischote, fein gehackt
- 1½ TL gemahlener Kreuzkümmel
- 1 TL gemahlener Piment
- eine Prise geräuchertes Paprikapulver
- 1½ TL süßer Paprika
- 1 TL Kümmel, mit einem Mörser oder einer Gewürzmühle zerstoßen
- eine 800-g-Dose gehackte Tomaten
- 1 EL Tamarindenpaste
- 1½ TL feinster Zucker

ANWEISUNGEN

a) Beginnen Sie mit der Tomatensauce. Erhitzen Sie das Olivenöl in der breitesten Bratpfanne, die Sie haben; Sie benötigen dafür auch einen Deckel. Knoblauch, Zwiebel, Sellerie, Karotte und Chili dazugeben und bei schwacher Hitze 10 Minuten anbraten, bis das Gemüse weich ist. Die Gewürze hinzufügen, gut umrühren und 2 bis 3 Minuten kochen lassen. Gehackte Tomaten, Tamarinde, Zucker, ½ Teelöffel Salz und etwas schwarzen Pfeffer dazugeben und zum Kochen bringen. Vom Herd nehmen.

b) Für die gefüllten Kartoffeln das Rindfleisch, Semmelbrösel, Zwiebeln, Knoblauch, Petersilie, Thymian, Zimt, 1 Teelöffel Salz, etwas schwarzen Pfeffer und die Eier in eine Rührschüssel geben. Mit den Händen alle Zutaten gut vermischen.

c) Hohlen Sie jede Kartoffelhälfte mit einem Melonenausstecher oder einem Teelöffel aus, sodass eine 1,5 cm dicke Schale entsteht. Füllen Sie die Fleischmischung in jede Mulde und drücken Sie sie mit den Händen ganz nach unten, sodass sie die Kartoffel vollständig ausfüllt. Drücken Sie alle Kartoffeln vorsichtig in die Tomatensauce, sodass sie eng aneinander liegen und die Fleischfüllung nach oben zeigt. Etwa 1¼ Tassen / 300 ml Wasser hinzufügen, oder gerade so viel, dass die Pastetchen fast mit Soße bedeckt sind, leicht köcheln lassen, die Pfanne mit einem Deckel abdecken und mindestens 1 Stunde oder sogar länger langsam kochen lassen, bis die Soße entsteht ist dick und die Kartoffeln sind sehr weich. Wenn die Soße nicht ausreichend eingedickt ist, den Deckel abnehmen und 5 bis 10 Minuten einkochen lassen. Heiß oder warm servieren, garniert mit Koriander.

64. Gefüllte Artischocken mit Erbsen und Dill

Macht: 4

ZUTATEN

- 400 g Lauch, geputzt und in 0,5 cm dicke Scheiben geschnitten
- 9 oz / 250 g Hackfleisch
- 1 großes Freilandei
- 1 TL gemahlener Piment
- 1 TL gemahlener Zimt
- 2 TL getrocknete Minze
- 12 mittelgroße Artischocken oder aufgetaute gefrorene Artischockenböden (siehe Einleitung)
- 6 EL / 90 ml frisch gepresster Zitronensaft, plus Saft einer halben Zitrone bei Verwendung frischer Artischocken
- ⅓ Tasse / 80 ml Olivenöl
- Allzweckmehl zum Bestreichen der Artischocken
- ca. 2 Tassen / 500 ml Hühner- oder Gemüsebrühe
- 1⅓ Tassen / 200 g gefrorene Erbsen
- ⅓ oz / 10 g Dill, grob gehackt
- Salz und frisch gemahlener schwarzer Pfeffer

ANWEISUNGEN

a) Den Lauch 5 Minuten in kochendem Wasser blanchieren. Abgießen, erfrischen und das Wasser ausdrücken.

b) Den Lauch grob hacken und zusammen mit Fleisch, Ei, Gewürzen, Minze, 1 Teelöffel Salz und reichlich Pfeffer in eine Rührschüssel geben. Gut umrühren.

c) Wenn Sie frische Artischocken verwenden, bereiten Sie eine Schüssel mit Wasser und dem Saft einer halben Zitrone vor. Entfernen Sie den Strunk von der Artischocke und ziehen Sie die harten äußeren Blätter ab. Sobald Sie die weicheren, blassen Blätter erreicht haben, schneiden Sie mit einem großen, scharfen Messer quer über die Blüte, sodass das untere Viertel übrig bleibt. Entfernen Sie mit einem kleinen, scharfen Messer oder einem Gemüseschäler die äußeren Schichten der Artischocke, bis der Boden freiliegt. Kratzen Sie den haarigen „Choke" aus und geben Sie die Base in das angesäuerte Wasser. Den Rest wegwerfen und mit den anderen Artischocken wiederholen.

d) Geben Sie 2 Esslöffel Olivenöl in einen Topf, der breit genug ist, um die Artischocken flach liegen zu lassen, und erhitzen Sie ihn bei mittlerer Hitze. Füllen Sie jeden Artischockenboden mit 1 bis 2 Esslöffeln der Rindfleischmischung und drücken Sie die Füllung hinein. Rollen Sie den Boden vorsichtig in etwas Mehl, bestreichen Sie es leicht und schütteln Sie den Überschuss ab. Im heißen Öl von jeder Seite 1½ Minuten braten. Wischen Sie die Pfanne sauber und legen Sie die Artischocken wieder in die Pfanne. Ordnen Sie sie flach und eng nebeneinander an.

e) Brühe, Zitronensaft und das restliche Öl vermischen und großzügig mit Salz und Pfeffer würzen. Geben Sie einen Löffel der Flüssigkeit über die Artischocken, bis sie fast, aber nicht vollständig, unter Wasser sind. Möglicherweise benötigen Sie nicht die gesamte Flüssigkeit. Ein Stück Backpapier über die Artischocken legen, die Pfanne mit einem Deckel abdecken und bei schwacher Hitze 1 Stunde köcheln lassen. Wenn sie fertig sind, sollten nur noch etwa 4 Esslöffel Flüssigkeit übrig sein. Bei Bedarf Deckel und Papier entfernen und die Soße reduzieren. Stellen Sie die Pfanne beiseite, bis die Artischocken gerade noch warm sind oder Zimmertemperatur haben.

f) Zum Servieren die Erbsen 2 Minuten blanchieren. Abgießen und zusammen mit dem Dill zu den Artischocken in die Pfanne geben, abschmecken und alles vorsichtig vermischen.

FLEISCH

65. Jerusalemer gemischter Grill

Macht: 4

ZUTATEN

- 300 g Hähnchenbrust ohne Knochen, in 2 cm große Würfel geschnitten
- 7 oz / 200 g Hühnerherzen, der Länge nach halbiert (optional)
- 4 EL Olivenöl
- 250 g Hühnerleber, gereinigt und gewürfelt
- 2 große Zwiebeln, in dünne Scheiben geschnitten (insgesamt etwa 4½ Tassen / 500 g)
- 1½ TL gemahlener Kurkuma
- 1 EL Baharat-Gewürzmischung (im Laden gekauft odersiehe Rezept)
- Salz

ANWEISUNGEN

a) Stellen Sie eine große gusseiserne oder andere schwere Bratpfanne auf mittlere bis hohe Hitze und lassen Sie das Ganze einige Minuten lang stehen, bis es fast raucht. Fügen Sie die Hähnchenbrust hinzu und lassen Sie sie eine Minute lang stehen, rühren Sie sie einmal um und kochen Sie sie dann 2 bis 3 Minuten lang, bis sie rundherum gebräunt ist. Die Stücke in eine Schüssel geben und beiseite stellen.

b) Legen Sie die Herzen in die Pfanne und kochen Sie sie unter gelegentlichem Rühren 2 bis 3 Minuten lang, bis sie braun, aber nicht durchgegart sind. In die Schüssel geben.

c) Einen Teelöffel Olivenöl in die Pfanne geben und die Leber hinzufügen. 2 bis 3 Minuten kochen lassen, dabei ein- oder zweimal umrühren, dann aus der Pfanne nehmen.

d) Gießen Sie 2 Esslöffel Olivenöl in die Pfanne und fügen Sie die Hälfte der Zwiebeln hinzu. Unter ständigem Rühren 4 bis 5 Minuten kochen, bis die Zwiebeln weich und leicht verkohlt, aber nicht ganz schlaff sind. Das restliche Öl in die Pfanne geben und mit der zweiten Hälfte der Zwiebeln wiederholen. Geben Sie die erste Portion zusammen mit den Gewürzen und den gekochten Hähnchenstücken, Herzen und Lebern in die Pfanne zurück. Mit ¾ Teelöffel Salz würzen und etwa 3 Minuten weitergaren, dabei die Pfanne auskratzen, bis das Huhn gar ist. Sofort servieren.

66. Geschmorte Wachtel mit Aprikosen und Tamarinde

Ergibt: 4 ALS ANFANGSMITTEL

ZUTATEN

- 4 extragroße Wachteln, je etwa 190 g, entlang des Brustbeins und des Rückens halbiert
- ¾ TL Chiliflocken
- ¾ TL gemahlener Kreuzkümmel
- ½ TL Fenchelsamen, leicht zerstoßen
- 1 EL Olivenöl
- 1¼ Tassen / 300 ml Wasser
- 5 EL / 75 ml Weißwein
- ⅔ Tasse / 80 g getrocknete Aprikosen, in dicke Scheiben geschnitten
- 2½ EL / 25 g Johannisbeeren
- 1½ EL feinster Zucker
- 1½ EL Tamarindenpaste
- 2 EL frisch gepresster Zitronensaft
- 1 TL gepflückte Thymianblätter
- Salz und frisch gemahlener schwarzer Pfeffer
- 2 EL gehackter gemischter Koriander und glatte Petersilie zum Garnieren (optional)

ANWEISUNGEN

a) Wischen Sie die Wachtel mit Papiertüchern ab und geben Sie sie in eine Rührschüssel. Mit Chiliflocken, Kreuzkümmel, Fenchelsamen, ½ Teelöffel Salz und etwas schwarzem Pfeffer bestreuen. Mit den Händen gut einmassieren, dann abdecken und mindestens 2 Stunden oder über Nacht im Kühlschrank marinieren lassen.

b) Erhitzen Sie das Öl bei mittlerer bis hoher Hitze in einer Bratpfanne, die gerade groß genug ist, um den Vögeln Platz zu bieten und für die Sie einen Deckel haben. Die Vögel von allen Seiten etwa 5 Minuten anbraten, bis sie eine schöne goldbraune Farbe erhalten.

c) Die Wachteln aus der Pfanne nehmen und das meiste Fett wegwerfen, sodass etwa 1½ Teelöffel übrig bleiben. Wasser, Wein, Aprikosen, Johannisbeeren, Zucker, Tamarinde, Zitronensaft, Thymian, ½ Teelöffel Salz und etwas schwarzen Pfeffer hinzufügen. Geben Sie die Wachteln wieder in die Pfanne. Das Wasser sollte zu drei Vierteln an den Seiten der Vögel hochstehen; Wenn nicht, fügen Sie mehr Wasser hinzu. Zum Kochen bringen, die Pfanne abdecken und 20 bis 25 Minuten ganz sanft köcheln lassen, dabei die Wachteln ein- oder zweimal wenden, bis die Vögel gerade gar sind.

d) Die Wachteln aus der Pfanne nehmen, auf eine Servierplatte legen und warm halten. Wenn die Flüssigkeit nicht sehr dick ist, stellen Sie sie wieder auf mittlere Hitze und lassen Sie sie einige Minuten köcheln, bis eine gute Soßenkonsistenz erreicht ist. Die Sauce über die Wachteln geben und mit Koriander und Petersilie (falls verwendet) garnieren.

67. Gebratenes Hähnchen mit Clementinen

Macht: 4

ZUTATEN

- 6½ EL / 100 ml Arak, Ouzo oder Pernod
- 4 EL Olivenöl
- 3 EL frisch gepresster Orangensaft
- 3 EL frisch gepresster Zitronensaft
- 2 EL Körnersenf
- 3 EL hellbrauner Zucker
- 2 mittelgroße Fenchelknollen (insgesamt 1 Pfund / 500 g)
- 1 großes Bio- oder Freilandhuhn, ca. 1,3 kg, aufgeteilt in 8 Stücke, oder gleich schwere Hähnchenschenkel mit Haut und Knochen
- 4 Clementinen, ungeschält (insgesamt 14 oz / 400 g), horizontal in 0,5 cm dicke Scheiben geschnitten
- 1 EL Thymianblätter
- 2½ TL Fenchelsamen, leicht zerstoßen
- Salz und frisch gemahlener schwarzer Pfeffer
- gehackte glatte Petersilie zum Garnieren

ANWEISUNGEN

a) Geben Sie die ersten sechs Zutaten in eine große Rührschüssel und fügen Sie 2½ Teelöffel Salz und 1½ Teelöffel schwarzen Pfeffer hinzu. Gut verquirlen und beiseite stellen.

b) Den Fenchel putzen und jede Knolle der Länge nach halbieren. Jede Hälfte in 4 Spalten schneiden. Den Fenchel zusammen mit den Hähnchenstücken, den Clementinenscheiben, dem Thymian und den Fenchelsamen zu den Flüssigkeiten geben. Mit den Händen gut umrühren und dann einige Stunden oder über Nacht im Kühlschrank marinieren lassen (wenn Sie unter Zeitdruck stehen, ist es auch in Ordnung, den Marinierungsschritt auszulassen).

c) Heizen Sie den Ofen auf 475 °F / 220 °C vor. Übertragen Sie das Hähnchen und seine Marinade auf ein Backblech, das groß genug ist, um alles bequem in einer einzigen Schicht unterzubringen (ungefähr eine 30 x 37 cm große Pfanne); Die Hähnchenhaut sollte nach oben zeigen. Sobald der Ofen heiß genug ist, stellen Sie die Pfanne in den Ofen und braten Sie sie 35 bis 45 Minuten lang, bis das Hähnchen verfärbt und durchgegart ist. Aus dem Ofen nehmen.

d) Hähnchen, Fenchel und Clementinen aus der Pfanne nehmen und auf einem Servierteller anrichten; abdecken und warm halten. Gießen Sie die Kochflüssigkeit in einen kleinen Topf, stellen Sie ihn auf mittlere bis hohe Hitze, bringen Sie ihn zum Kochen und lassen Sie ihn dann köcheln, bis die Sauce um ein Drittel reduziert ist, sodass noch etwa ⅓ Tasse / 80 ml übrig sind. Die scharfe Soße über das Hähnchen gießen, mit etwas Petersilie garnieren und servieren.

68. Gebratenes Hähnchen mit Topinambur

Macht: 4

ZUTATEN

- 1 lb / 450 g Topinambur, geschält und der Länge nach in 6 Spalten mit einer Dicke von ⅔ Zoll / 1,5 cm geschnitten
- 3 EL frisch gepresster Zitronensaft
- 8 Hähnchenschenkel mit Haut und Knochen oder 1 mittelgroßes ganzes Hähnchen, geviertelt
- 12 Bananen oder andere große Schalotten, der Länge nach halbiert
- 12 große Knoblauchzehen, in Scheiben geschnitten
- 1 mittelgroße Zitrone, der Länge nach halbiert und dann in sehr dünne Scheiben geschnitten
- 1 TL Safranfäden
- 3½ EL / 50 ml Olivenöl
- ¾ Tasse / 150 ml kaltes Wasser
- 1¼ EL rosa Pfefferkörner, leicht zerstoßen
- ¼ Tasse / 10 g frische Thymianblätter
- 1 Tasse / 40 g Estragonblätter, gehackt
- 2 TL Salz
- ½ TL frisch gemahlener schwarzer Pfeffer

ANWEISUNGEN

a) Die Topinambur in einen mittelgroßen Topf geben, mit reichlich Wasser bedecken und die Hälfte des Zitronensafts hinzufügen. Zum Kochen bringen, die Hitze reduzieren und 10 bis 20 Minuten köcheln lassen, bis es zart, aber nicht weich ist. Abgießen und abkühlen lassen.

b) Geben Sie die Topinambur und alle restlichen Zutaten, außer dem restlichen Zitronensaft und der Hälfte des Estragons, in eine große Rührschüssel und vermischen Sie alles mit den Händen gut. Abdecken und über Nacht oder mindestens 2 Stunden im Kühlschrank marinieren lassen.

c) Heizen Sie den Ofen auf 475 °F / 240 °C vor. Legen Sie die Hähnchenteile mit der Hautseite nach oben in die Mitte einer Bratpfanne und verteilen Sie die restlichen Zutaten rund um das Hähnchen. 30 Minuten rösten. Die Pfanne mit Alufolie abdecken und weitere 15 Minuten garen. Zu diesem Zeitpunkt sollte das Huhn vollständig gekocht sein. Aus dem Ofen nehmen und den beiseite gestellten Estragon und Zitronensaft hinzufügen. Gut umrühren, abschmecken und bei Bedarf noch mehr Salz hinzufügen. Sofort servieren.

69. Pochiertes Hähnchen mit Freekeh

Ergibt: 4 GROSSZÜGIG

ZUTATEN

- 1 kleines Freilandhuhn, ca. 1,5 kg
- 2 lange Zimtstangen
- 2 mittelgroße Karotten, geschält und in 2 cm dicke Scheiben geschnitten
- 2 Lorbeerblätter
- 2 Bund glatte Petersilie (insgesamt ca. 70 g)
- 2 große Zwiebeln
- 2 EL Olivenöl
- 2 Tassen / 300 g gebrochenes Freekeh
- ½ TL gemahlener Piment
- ½ TL gemahlener Koriander
- 2½ EL / 40 g ungesalzene Butter
- ⅔ Tasse / 60 g gehobelte Mandeln
- Salz und frisch gemahlener schwarzer Pfeffer

ANWEISUNGEN

a) Geben Sie das Huhn zusammen mit Zimt, Karotten, Lorbeerblättern, 1 Bund Petersilie und 1 Teelöffel Salz in einen großen Topf. Eine Zwiebel vierteln und in den Topf geben. Fügen Sie kaltes Wasser hinzu, bis das Huhn fast bedeckt ist. Zum Kochen bringen und zugedeckt 1 Stunde köcheln lassen, dabei gelegentlich Öl und Schaum von der Oberfläche abschöpfen.

b) Etwa nach der Hälfte der Garzeit des Hähnchens die zweite Zwiebel in dünne Scheiben schneiden und mit dem Olivenöl in einen mittelgroßen Topf geben. Bei mittlerer bis niedriger Hitze 12 bis 15 Minuten braten, bis die Zwiebel goldbraun und weich wird. Freekeh, Piment, Koriander, ½ Teelöffel Salz und etwas schwarzen Pfeffer hinzufügen. Gut umrühren und dann 2½ Tassen / 600 ml Hühnerbrühe hinzufügen. Erhöhen Sie die Hitze auf mittelhoch. Sobald die Brühe kocht, decken Sie die Pfanne ab und reduzieren Sie die Hitze. 20 Minuten leicht köcheln lassen, dann vom Herd nehmen und abgedeckt weitere 20 Minuten ruhen lassen.

c) Von der restlichen Petersilie die Blättchen entfernen und nicht zu fein hacken. Den Großteil der gehackten Petersilie zum gekochten Freekeh geben und mit einer Gabel vermischen.

d) Heben Sie das Huhn aus der Brühe und legen Sie es auf ein Schneidebrett. Schneiden Sie die Brüste vorsichtig ab und schneiden Sie sie schräg in dünne Scheiben. Entfernen Sie das Fleisch von den Keulen und Oberschenkeln. Hähnchen und Freekeh warm halten.

e) Zum Servieren Butter, Mandeln und etwas Salz in eine kleine Pfanne geben und goldbraun braten. Geben Sie das Freekeh auf einzelne Servierschalen oder eine Platte. Das Keulen- und Oberschenkelfleisch darauflegen und die Brustscheiben ordentlich darauf verteilen. Mit den Mandeln und der Butter abschließen und mit einer Prise Petersilie bestreuen.

70. Hühnchen mit Zwiebeln und Kardamomreis

Macht: 4

ZUTATEN
- 3 EL / 40 g Zucker
- 3 EL / 40 ml Wasser
- 2½ EL / 25 g Berberitzen (oder Johannisbeeren)
- 4 EL Olivenöl
- 2 mittelgroße Zwiebeln, in dünne Scheiben geschnitten (insgesamt 2 Tassen / 250 g)
- 1 kg Hähnchenschenkel mit Haut und Knochen oder 1 ganzes Hähnchen, geviertelt
- 10 Kardamomkapseln
- gerundet ¼ TL ganze Nelken
- 2 lange Zimtstangen, in zwei Teile gebrochen
- 1⅔ Tassen / 300 g Basmatireis
- 2¼ Tassen / 550 ml kochendes Wasser
- 1½ EL / 5 g glatte Petersilienblätter, gehackt
- ½ Tasse / 5 g Dillblätter, gehackt
- ¼ Tasse / 5 g Korianderblätter, gehackt
- ⅓ Tasse / 100 g griechischer Joghurt, gemischt mit 2 EL Olivenöl (optional)
- Salz und frisch gemahlener schwarzer Pfeffer

ANWEISUNGEN
a) Zucker und Wasser in einen kleinen Topf geben und erhitzen, bis sich der Zucker aufgelöst hat. Vom Herd nehmen, die Berberitzen hinzufügen und zum Einweichen beiseite stellen. Wenn Sie Johannisbeeren verwenden, müssen Sie diese nicht auf diese Weise einweichen.

b) In der Zwischenzeit die Hälfte des Olivenöls in einer großen Schmorpfanne mit Deckel bei mittlerer Hitze erhitzen, die Zwiebel dazugeben und unter gelegentlichem Rühren 10 bis 15 Minuten anbraten, bis die Zwiebel tief goldbraun geworden ist. Geben Sie die Zwiebel in eine kleine Schüssel und wischen Sie die Pfanne sauber.

c) Das Hähnchen in eine große Rührschüssel geben und mit je 1½ Teelöffel Salz und schwarzem Pfeffer würzen. Geben Sie das restliche Olivenöl, Kardamom, Nelken und Zimt hinzu und vermischen Sie alles mit den Händen gut. Die Bratpfanne erneut erhitzen und das Hähnchen und die Gewürze hineinlegen. Auf jeder Seite 5 Minuten anbraten und aus der Pfanne nehmen (dies ist wichtig, da das Hähnchen dadurch teilweise gegart wird). Die Gewürze können in der Pfanne bleiben, aber machen Sie sich keine Sorgen, wenn sie am Huhn kleben bleiben. Entfernen Sie auch den größten Teil des restlichen Öls, so dass am Boden nur ein dünner Film zurückbleibt. Reis, karamellisierte Zwiebeln, 1 Teelöffel Salz und reichlich schwarzen Pfeffer hinzufügen. Die Berberitzen abtropfen lassen und ebenfalls hinzufügen. Gut umrühren, das gebratene Hähnchen wieder in die Pfanne geben und in den Reis schieben.

d) Gießen Sie das kochende Wasser über den Reis und das Huhn, decken Sie die Pfanne ab und lassen Sie es 30 Minuten lang bei sehr schwacher Hitze kochen. Nehmen Sie die Pfanne vom Herd, nehmen Sie den Deckel ab, legen Sie schnell ein sauberes Geschirrtuch über die Pfanne und verschließen Sie sie wieder mit dem Deckel. Lassen Sie das Gericht weitere 10 Minuten ruhen. Zum Schluss die Kräuter dazugeben und mit einer Gabel unterrühren und den Reis auflockern. Abschmecken und bei Bedarf noch mehr Salz und Pfeffer hinzufügen. Nach Belieben heiß oder warm mit Joghurt servieren.

71. Gehackte Leber

Ergibt: 4 bis 6

ZUTATEN

- 6½ EL / 100 ml geschmolzenes Gänse- oder Entenfett
- 2 große Zwiebeln, in Scheiben geschnitten (insgesamt etwa 3 Tassen / 400 g)
- 400 g Hühnerleber, gereinigt und in etwa 3 cm große Stücke zerlegt
- 5 extragroße Eier aus Freilandhaltung, hartgekocht
- 4 EL Dessertwein
- 1 TL Salz
- ½ TL frisch gemahlener schwarzer Pfeffer
- 2 bis 3 Frühlingszwiebeln, in dünne Scheiben geschnitten
- 1 EL gehackter Schnittlauch

ANWEISUNGEN

a) Geben Sie zwei Drittel des Gänsefetts in eine große Pfanne und braten Sie die Zwiebeln bei mittlerer Hitze 10 bis 15 Minuten lang unter gelegentlichem Rühren an, bis sie dunkelbraun sind. Nehmen Sie die Zwiebeln aus der Pfanne und drücken Sie sie dabei etwas nach unten, sodass etwas Fett in der Pfanne übrig bleibt. Bei Bedarf etwas Fett hinzufügen. Fügen Sie die Leber hinzu und kochen Sie sie unter gelegentlichem Rühren bis zu 10 Minuten lang, bis sie in der Mitte richtig gar sind – zu diesem Zeitpunkt sollte kein Blut austreten.

b) Mischen Sie die Leber mit der Zwiebel, bevor Sie sie zerkleinern. Dies gelingt am besten mit einem Fleischwolf, bei dem die Mischung zweimal bearbeitet wird, um die richtige Konsistenz zu erhalten. Wenn Sie keinen Fleischwolf haben, reicht auch eine Küchenmaschine. Zerkleinern Sie die Zwiebeln und die Leber in zwei oder drei Portionen, damit die Schüssel der Maschine nicht zu voll wird. 20 bis 30 Sekunden lang pulsieren lassen, dann prüfen, ob sich Leber und Zwiebeln in eine gleichmäßig glatte, aber dennoch „holprige" Paste verwandelt haben. Alles in eine große Rührschüssel geben.

c) Die Eier schälen, zwei davon grob und zwei weitere fein reiben und zur Lebermasse geben. Das restliche Fett, den Dessertwein sowie Salz und Pfeffer hinzufügen und alles vorsichtig vermengen. Geben Sie die Mischung in eine flache, nichtmetallische Schüssel und decken Sie die Oberfläche fest mit Plastikfolie ab. Lassen Sie es abkühlen und stellen Sie es dann mindestens 2 Stunden lang in den Kühlschrank, damit es etwas fester wird.

d) Zum Servieren das restliche Ei fein hacken. Die gehackte Leber auf einzelne Servierteller verteilen, mit dem gehackten Ei garnieren und mit Frühlingszwiebeln und Schnittlauch bestreuen.

72. Safran-Hähnchen-Kräuter-Salat

Macht: 6

ZUTATEN

- 1 Orange
- 2½ EL / 50 g Honig
- ½ TL Safranfäden
- 1 EL Weißweinessig
- 1¼ Tassen / ca. 300 ml Wasser
- 2¼ lb / 1 kg Hähnchenbrust ohne Haut und Knochen
- 4 EL Olivenöl
- 2 kleine Fenchelknollen, in dünne Scheiben geschnitten
- 1 Tasse / 15 g gepflückte Korianderblätter
- ⅔ Tasse / 15 g gepflückte Basilikumblätter, zerrissen
- 15 gepflückte Minzblätter, zerrissen
- 2 EL frisch gepresster Zitronensaft
- 1 rote Chilischote, in dünne Scheiben geschnitten
- 1 Knoblauchzehe, zerdrückt
- Salz und frisch gemahlener schwarzer Pfeffer

ANWEISUNGEN

a) Heizen Sie den Ofen auf 400 °F / 200 °C vor. Schneiden Sie ⅜ Zoll / 1 cm von der Oberseite und dem Schwanz der Orange ab und schneiden Sie sie in 12 Spalten, wobei Sie die Schale belassen. Eventuelle Kerne entfernen.

b) Legen Sie die Orangenspalten in einen kleinen Topf mit Honig, Safran, Essig und gerade so viel Wasser, dass die Orangenspalten bedeckt sind. Zum Kochen bringen und etwa eine Stunde leicht köcheln lassen. Am Ende sollten Sie eine weiche Orange und etwa 3 Esslöffel dickflüssigen Sirup übrig haben; Fügen Sie während des Kochens Wasser hinzu, wenn die Flüssigkeit sehr niedrig wird. Zerkleinern Sie die Orange und den Sirup mit einer Küchenmaschine zu einer glatten, flüssigen Paste. Fügen Sie bei Bedarf erneut etwas Wasser hinzu.

c) Die Hähnchenbrust mit der Hälfte des Olivenöls sowie reichlich Salz und Pfeffer vermischen und auf eine sehr heiße geriffelte Grillpfanne legen. Auf jeder Seite ca. 2 Minuten anbraten, damit überall deutliche Verkohlungsspuren entstehen. In eine Bratpfanne geben und für 15 bis 20 Minuten in den Ofen stellen, bis es gerade gar ist.

d) Sobald das Huhn kühl genug zum Anfassen, aber noch warm ist, reißen Sie es mit den Händen in grobe, ziemlich große Stücke. In eine große Rührschüssel geben, die Hälfte der Orangenpaste darübergießen und gut umrühren. (Die andere Hälfte können Sie einige Tage lang im Kühlschrank aufbewahren. Sie eignet sich gut als Ergänzung zu einer Kräutersalsa, die zu fettem Fisch wie Makrele oder Lachs serviert werden kann.) Geben Sie die restlichen Zutaten einschließlich des restlichen Salats in den Salat Olivenöl hinzufügen und vorsichtig umrühren. Abschmecken, Salz und Pfeffer und bei Bedarf noch mehr Olivenöl und Zitronensaft hinzufügen.

73. Hühnchen-Sofrito

ZUTATEN

- 1 EL Sonnenblumenöl
- 1 kleines Freilandhuhn, ca. 1,5 kg, mit Schmetterlingen oder geviertelt
- 1 TL süßes Paprikapulver
- ¼ TL gemahlener Kurkuma
- ¼ TL Zucker
- 2½ EL frisch gepresster Zitronensaft
- 1 große Zwiebel, geschält und geviertelt
- Sonnenblumenöl, zum Braten
- 750 g Yukon-Gold-Kartoffeln, geschält, gewaschen und in 2 cm große Würfel geschnitten
- 25 Knoblauchzehen, ungeschält
- Salz und frisch gemahlener schwarzer Pfeffer

ANWEISUNGEN

a) Gießen Sie das Öl in eine große, flache Pfanne oder einen Schmortopf und erhitzen Sie es bei mittlerer Hitze. Legen Sie das Hähnchen flach mit der Haut nach unten in die Pfanne und braten Sie es 4 bis 5 Minuten lang an, bis es goldbraun ist. Alles mit Paprika, Kurkuma, Zucker, ¼ Teelöffel Salz, einer guten Prise schwarzem Pfeffer und 1½ Esslöffel Zitronensaft würzen. Drehen Sie das Huhn um, sodass die Haut nach oben zeigt, geben Sie die Zwiebel in die Pfanne und decken Sie es mit einem Deckel ab. Reduzieren Sie die Hitze auf eine niedrige Stufe und kochen Sie das Ganze insgesamt etwa 1½ Stunden lang. Dazu gehört auch die Zeit, in der das Huhn mit den Kartoffeln gekocht wird. Heben Sie von Zeit zu Zeit den Deckel an, um die Flüssigkeitsmenge am Boden der Pfanne zu überprüfen. Die Idee besteht darin, dass das Hähnchen in seinem eigenen Saft gart und dünstet. Möglicherweise müssen Sie jedoch etwas kochendes Wasser hinzufügen, damit immer ¼ Zoll / 5 mm Flüssigkeit am Boden der Pfanne vorhanden ist.

b) Nachdem das Huhn etwa 30 Minuten lang gegart wurde, gießen Sie Sonnenblumenöl bis zu einer Tiefe von 3 cm in einen mittelgroßen Topf und stellen Sie es auf mittlere bis hohe Hitze. Braten Sie die Kartoffeln und den Knoblauch in mehreren Portionen jeweils etwa 6 Minuten lang an, bis sie etwas Farbe annehmen und knusprig werden. Heben Sie jede Portion mit einem Schaumlöffel aus dem Öl auf Papiertücher und bestreuen Sie sie dann mit Salz.

c) Nachdem das Hähnchen eine Stunde lang gegart hat, nehmen Sie es aus der Pfanne, geben Sie die Bratkartoffeln und den Knoblauch hinein und verrühren Sie diese mit dem Bratensaft. Geben Sie das Hähnchen zurück in die Pfanne und legen Sie es für die restliche Garzeit, d. h. 30 Minuten, auf die Kartoffeln. Das Hähnchen sollte vom Knochen fallen und die Kartoffeln sollten in der Kochflüssigkeit eingeweicht und ganz weich sein. Beim Servieren mit dem restlichen Zitronensaft beträufeln.

74.   Kofta B'siniyah

Macht: 18 KOFTA

ZUTATEN
- ⅔ Tasse / 150 g leichte Tahinipaste
- 3 EL frisch gepresster Zitronensaft
- ½ Tasse / 120 ml Wasser
- 1 mittelgroße Knoblauchzehe, zerdrückt
- 2 EL Sonnenblumenöl
- 2 EL / 30 g ungesalzene Butter oder Ghee (optional)
- geröstete Pinienkerne zum Garnieren
- fein gehackte glatte Petersilie zum Garnieren
- süßer Paprika zum Garnieren
- Salz

KOFTA
- 14 oz / 400 g Lammhackfleisch
- 14 oz / 400 g Hackfleisch vom Kalb oder Rind
- 1 kleine Zwiebel (ca. 150 g), fein gehackt
- 2 große Knoblauchzehen, zerdrückt
- 7 EL / 50 g geröstete Pinienkerne, grob gehackt
- ½ Tasse / 30 g fein gehackte glatte Petersilie
- 1 große mittelscharfe rote Chilischote, entkernt und fein gehackt
- 1½ TL gemahlener Zimt
- 1½ TL gemahlener Piment
- ¾ TL geriebene Muskatnuss
- 1½ TL frisch gemahlener schwarzer Pfeffer
- 1½ TL Salz

ANWEISUNGEN

a) Geben Sie alle Kofta-Zutaten in eine Schüssel und vermischen Sie alles mit den Händen gut. Formen Sie nun lange, torpedoartige Finger mit einer Länge von ca. 8 cm (je ca. 60 g). Drücken Sie die Mischung, um sie zu komprimieren und sicherzustellen, dass jede Kofta fest sitzt und ihre Form behält. Auf einem Teller anrichten und bis zum Kochen kühl stellen (bis zu 1 Tag).

b) Heizen Sie den Ofen auf 220 °C vor. In einer mittelgroßen Schüssel Tahinipaste, Zitronensaft, Wasser, Knoblauch und ¼ Teelöffel Salz verrühren. Die Soße sollte etwas flüssiger als Honig sein; Bei Bedarf 1 bis 2 Esslöffel Wasser hinzufügen.

c) Das Sonnenblumenöl in einer großen Bratpfanne bei starker Hitze erhitzen und die Kofta scharf anbraten. Tun Sie dies in mehreren Portionen, damit sie nicht eng zusammenliegen. Von allen Seiten goldbraun anbraten, etwa 6 Minuten pro Portion. Zu diesem Zeitpunkt sollten sie mittel-selten sein. Aus der Form heben und auf einem Backblech anrichten. Wenn Sie sie medium oder well done garen möchten, legen Sie das Backblech jetzt für 2 bis 4 Minuten in den Ofen.

d) Die Tahini-Sauce rund um die Kofta verteilen, sodass sie den Boden der Pfanne bedeckt. Wenn Sie möchten, träufeln Sie auch etwas davon über die Kofta, aber lassen Sie einen Teil des Fleisches frei. Für ein bis zwei Minuten in den Ofen stellen, um die Soße etwas aufzuwärmen.

e) Wenn Sie in der Zwischenzeit Butter verwenden, schmelzen Sie diese in einem kleinen Topf und lassen Sie sie etwas bräunen. Achten Sie dabei darauf, dass sie nicht anbrennt. Die Butter über die Kofta geben, sobald sie aus dem Ofen kommen. Mit Pinienkernen und Petersilie bestreuen und anschließend mit Paprika bestreuen. Sofort servieren.

75. <u>Rinderfleischbällchen mit Saubohnen und Zitrone</u>

Ergibt: ca. 20 Fleischbällchen

ZUTATEN

- 4½ EL Olivenöl
- 2⅓ Tassen / 350 g Ackerbohnen, frisch oder gefroren
- 4 ganze Thymianzweige
- 6 Knoblauchzehen, in Scheiben geschnitten
- 8 Frühlingszwiebeln, schräg in 2 cm große Stücke schneiden
- 2½ EL frisch gepresster Zitronensaft
- 2 Tassen / 500 ml Hühnerbrühe
- Salz und frisch gemahlener schwarzer Pfeffer
- Zum Schluss je 1½ TL gehackte glatte Petersilie, Minze, Dill und Koriander

FLEISCHKLÖSSCHEN

- 10 oz / 300 g Hackfleisch
- 5 oz / 150 g Lammhackfleisch
- 1 mittelgroße Zwiebel, fein gehackt
- 1 Tasse / 120 g Semmelbrösel
- Je 2 EL gehackte glatte Petersilie, Minze, Dill und Koriander
- 2 große Knoblauchzehen, zerdrückt
- 4 TL Baharat-Gewürzmischung (im Laden gekauft odersiehe Rezept)
- 4 TL gemahlener Kreuzkümmel
- 2 TL Kapern, gehackt
- 1 Ei, geschlagen

ANWEISUNGEN

a) Geben Sie alle Fleischbällchen-Zutaten in eine große Rührschüssel. ¾ Teelöffel Salz und reichlich schwarzen Pfeffer hinzufügen und gut mit den Händen vermischen. Formen Sie daraus Kugeln, die etwa die gleiche Größe wie Tischtennisbälle haben. Erhitzen Sie 1 Esslöffel Olivenöl bei mittlerer Hitze in einer extragroßen Bratpfanne, für die Sie einen Deckel haben. Die Hälfte der Fleischbällchen unter Wenden etwa 5 Minuten anbraten, bis sie rundherum braun sind. Nehmen Sie sie heraus, geben Sie weitere 1½ Teelöffel Olivenöl in die Pfanne und kochen Sie die andere Portion Fleischbällchen. Aus der Pfanne nehmen und sauber wischen.

b) Während die Fleischbällchen garen, die Ackerbohnen in einen Topf mit reichlich kochendem Salzwasser geben und 2 Minuten blanchieren. Abgießen und unter kaltem Wasser abschrecken. Entfernen Sie die Schalen von der Hälfte der Ackerbohnen und werfen Sie die Schalen weg.

c) Erhitzen Sie die restlichen 3 Esslöffel Olivenöl bei mittlerer Hitze in derselben Pfanne, in der Sie die Fleischbällchen angebraten haben. Thymian, Knoblauch und Frühlingszwiebeln hinzufügen und 3 Minuten anbraten. Fügen Sie die ungeschälten Ackerbohnen, 1½ Esslöffel Zitronensaft, ⅓ Tasse / 80 ml Brühe, ¼ Teelöffel Salz und reichlich schwarzen Pfeffer hinzu. Die Bohnen sollten fast mit Flüssigkeit bedeckt sein. Decken Sie die Pfanne ab und kochen Sie sie bei schwacher Hitze 10 Minuten lang.

d) Legen Sie die Fleischbällchen mit den Ackerbohnen wieder in die Pfanne. Die restliche Brühe hinzufügen, die Pfanne abdecken und 25 Minuten leicht köcheln lassen. Probieren Sie die Sauce und passen Sie die Gewürze an. Wenn es sehr flüssig ist, nehmen Sie den Deckel ab und reduzieren Sie es etwas. Sobald die Fleischbällchen aufhören zu garen, saugen sie einen Großteil des Bratensaftes auf. Stellen Sie daher sicher, dass zu diesem Zeitpunkt noch genügend Soße vorhanden ist. Sie können die Fleischbällchen jetzt bis zum Servieren vom Herd nehmen.

e) Erhitzen Sie die Fleischbällchen kurz vor dem Servieren noch einmal und fügen Sie bei Bedarf etwas Wasser hinzu, um genügend Soße zu erhalten. Die restlichen Kräuter, den restlichen 1 Esslöffel Zitronensaft und die geschälten Ackerbohnen hinzufügen und ganz vorsichtig umrühren. Sofort servieren.

76. Lammfleischbällchen mit Berberitzen, Joghurt und Kräutern

Ergibt: ca. 20 Fleischbällchen

ZUTATEN

- 750 g Lammhackfleisch
- 2 mittelgroße Zwiebeln, fein gehackt
- ⅔ oz / 20 g glatte Petersilie, fein gehackt
- 3 Knoblauchzehen, zerdrückt
- ¾ TL gemahlener Piment
- ¾ TL gemahlener Zimt
- 6 EL / 60 g Berberitzen
- 1 großes Freilandei
- 6½ EL / 100 ml Sonnenblumenöl
- 700 g Banane oder andere große Schalotten, geschält
- ¾ Tasse plus 2 EL / 200 ml Weißwein
- 2 Tassen / 500 ml Hühnerbrühe
- 2 Lorbeerblätter
- 2 Thymianzweige
- 2 TL Zucker
- 5 oz / 150 g getrocknete Feigen
- 1 Tasse / 200 g griechischer Joghurt
- 3 EL gemischte Minze, Koriander, Dill und Estragon, grob zerrissen
- Salz und frisch gemahlener schwarzer Pfeffer

ANWEISUNGEN

a) Lammfleisch, Zwiebeln, Petersilie, Knoblauch, Piment, Zimt, Berberitzen, Ei, 1 Teelöffel Salz und ½ Teelöffel schwarzen Pfeffer in eine große Schüssel geben. Mit den Händen vermischen und dann zu Kugeln etwa in der Größe von Golfbällen rollen.

b) Erhitzen Sie ein Drittel des Öls bei mittlerer Hitze in einem großen Topf mit starkem Boden, für den Sie einen dicht schließenden Deckel haben. Geben Sie ein paar Fleischbällchen hinein, kochen Sie sie und wenden Sie sie einige Minuten lang, bis sie überall Farbe haben. Aus dem Topf nehmen und beiseite stellen. Die restlichen Fleischbällchen auf die gleiche Weise zubereiten.

c) Wischen Sie den Topf sauber und geben Sie das restliche Öl hinzu. Fügen Sie die Schalotten hinzu und kochen Sie sie bei mittlerer Hitze 10 Minuten lang unter häufigem Rühren, bis sie goldbraun sind. Den Wein hinzufügen, ein bis zwei Minuten sprudeln lassen, dann Hühnerbrühe, Lorbeerblätter, Thymian, Zucker sowie etwas Salz und Pfeffer hinzufügen. Ordnen Sie die Feigen und Fleischbällchen zwischen und auf den Schalotten an. Die Fleischbällchen müssen fast mit Flüssigkeit bedeckt sein. Zum Kochen bringen, mit dem Deckel abdecken, die Hitze auf eine sehr niedrige Stufe reduzieren und 30 Minuten köcheln lassen. Den Deckel abnehmen und etwa eine weitere Stunde köcheln lassen, bis die Sauce eingedickt und intensiver im Geschmack ist. Abschmecken und bei Bedarf Salz und Pfeffer hinzufügen.

d) In eine große, tiefe Servierschüssel geben. Den Joghurt verquirlen, darübergießen und mit den Kräutern bestreuen.

77. Puten-Zucchini-Burger mit Frühlingszwiebeln und Kreuzkümmel

Ergibt: ca. 18 Burger

ZUTATEN

- 1 Pfund / 500 g gemahlener Truthahn
- 1 große Zucchini, grob gerieben (insgesamt 2 Tassen / 200 g)
- 3 Frühlingszwiebeln, in dünne Scheiben geschnitten
- 1 großes Freilandei
- 2 EL gehackte Minze
- 2 EL gehackter Koriander
- 2 Knoblauchzehen, zerdrückt
- 1 TL gemahlener Kreuzkümmel
- 1 TL Salz
- ½ TL frisch gemahlener schwarzer Pfeffer
- ½ TL Cayennepfeffer
- ca. 6½ EL / 100 ml Sonnenblumenöl zum Anbraten

SAURE CREME & SUMAC-SAUCE

- ½ Tasse / 100 g Sauerrahm
- ⅔ Tasse / 150 g griechischer Joghurt
- 1 TL abgeriebene Zitronenschale
- 1 EL frisch gepresster Zitronensaft
- 1 kleine Knoblauchzehe, zerdrückt
- 1½ EL Olivenöl
- 1 EL Sumach
- ½ TL Salz
- ¼ TL frisch gemahlener schwarzer Pfeffer

ANWEISUNGEN

a) Bereiten Sie zunächst die Sauerrahmsauce zu, indem Sie alle Zutaten in eine kleine Schüssel geben. Gut umrühren und beiseite stellen oder bis zum Gebrauch kalt stellen.

b) Heizen Sie den Ofen auf 220 °C vor. In einer großen Schüssel alle Zutaten für die Fleischbällchen außer dem Sonnenblumenöl vermischen. Mit den Händen vermischen und dann etwa 18 Burger formen, von denen jeder etwa 45 g wiegt.

c) Gießen Sie so viel Sonnenblumenöl in eine große Bratpfanne, dass eine etwa 2 mm dicke Schicht auf dem Pfannenboden entsteht. Bei mittlerer Hitze erhitzen, bis sie heiß sind, dann die Fleischbällchen portionsweise von allen Seiten scharf anbraten. Kochen Sie jede Portion etwa 4 Minuten lang und fügen Sie nach Bedarf Öl hinzu, bis sie goldbraun sind.

d) Übertragen Sie die gebratenen Fleischbällchen vorsichtig auf ein mit Wachspapier ausgelegtes Backblech und stellen Sie sie für 5 bis 7 Minuten in den Ofen, oder bis sie gerade gar sind. Warm oder bei Zimmertemperatur servieren, mit der Soße darüber oder als Beilage löffeln.

78. Polpetton

Macht: 8

ZUTATEN
- 3 große Eier aus Freilandhaltung
- 1 EL gehackte glatte Petersilie
- 2 TL Olivenöl
- 1 Pfund / 500 g Hackfleisch
- 1 Tasse / 100 g Semmelbrösel
- ½ Tasse / 60 g ungesalzene Pistazien
- ½ Tasse / 80 g Gurken (3 oder 4), in ⅜-Zoll / 1 cm große Stücke geschnitten
- 200 g gekochte Rinderzunge (oder Schinken), in dünne Scheiben geschnitten
- 1 große Karotte, in Stücke geschnitten
- 2 Selleriestangen, in Stücke geschnitten
- 1 Thymianzweig
- 2 Lorbeerblätter
- ½ Zwiebel, in Scheiben geschnitten
- 1 TL Hühnerbrühebasis
- kochendes Wasser, zum Kochen
- Salz und frisch gemahlener schwarzer Pfeffer

SALSINA VERDE
- 2 oz / 50 g glatte Petersilienzweige
- 1 Knoblauchzehe, zerdrückt
- 1 EL Kapern
- 1 EL frisch gepresster Zitronensaft
- 1 EL Weißweinessig
- 1 großes Freilandei, hart gekocht und geschält
- ⅔ Tasse / 150 ml Olivenöl
- 3 EL Semmelbrösel, am besten frisch
- Salz und frisch gemahlener schwarzer Pfeffer

ANWEISUNGEN

a) Beginnen Sie mit der Zubereitung eines flachen Omeletts. Zwei Eier, gehackte Petersilie und eine Prise Salz verquirlen. Erhitzen Sie das Olivenöl in einer großen Bratpfanne (ca. 28 cm Durchmesser) bei mittlerer Hitze und gießen Sie die Eier hinein. 2 bis 3 Minuten ohne Rühren kochen, bis die Eier ein dünnes Omelett bilden. Zum Abkühlen beiseite stellen.

b) In einer großen Schüssel das Rindfleisch, Semmelbrösel, Pistazien, Gewürzgurken, das restliche Ei, 1 Teelöffel Salz und ½ Teelöffel Pfeffer vermischen. Legen Sie ein großes, sauberes Geschirrtuch (vielleicht können Sie ein altes verwenden, das Sie gerne entsorgen möchten; das Reinigen wäre eine leichte Bedrohung) auf Ihrer Arbeitsfläche. Nehmen Sie nun die Fleischmischung, verteilen Sie sie auf dem Handtuch und formen Sie sie mit Ihren Händen zu einer rechteckigen Scheibe mit einer Dicke von ⅜ Zoll / 1 cm und einer Größe von etwa 12 x 10 Zoll / 30 x 25 cm. Halten Sie die Kanten des Tuchs frei.

c) Decken Sie das Fleisch mit den Zungenscheiben ab und lassen Sie am Rand 2 cm frei. Schneiden Sie das Omelett in 4 breite Streifen und verteilen Sie diese gleichmäßig auf der Zunge.

d) Heben Sie das Tuch an, um das Fleisch von einer seiner breiten Seiten nach innen zu rollen. Rollen Sie das Fleisch weiter in eine große Wurstform und nutzen Sie dabei das Handtuch als Unterstützung. Am Ende möchten Sie einen festen, wackeligen Laib mit dem Hackfleisch außen und dem Omelett in der Mitte. Decken Sie den Laib mit dem Handtuch ab und wickeln Sie ihn gut ein, damit er innen versiegelt ist. Binden Sie die Enden mit einer Schnur zusammen und stecken Sie überschüssiges Tuch unter den Baumstamm, sodass am Ende ein fest zusammengebundenes Bündel entsteht.

e) Legen Sie das Bündel in eine große Pfanne oder einen Schmortopf. Geben Sie Karotte, Sellerie, Thymian, Lorbeer, Zwiebel und Brühe um den Laib und übergießen Sie ihn mit kochendem Wasser, bis er fast bedeckt ist. Den Topf mit einem Deckel abdecken und 2 Stunden köcheln lassen.

f) Nehmen Sie den Laib aus der Pfanne und legen Sie ihn beiseite, damit etwas von der Flüssigkeit abtropfen kann (die Pochierungsbrühe eignet sich hervorragend als Suppenbasis). Legen Sie nach etwa 30 Minuten etwas Schweres darauf, um mehr Saft zu entfernen. Sobald es Raumtemperatur erreicht hat, legen Sie den Hackbraten, noch mit einem Tuch bedeckt, in den Kühlschrank, um ihn 3 bis 4 Stunden lang gründlich abzukühlen.

g) Für die Sauce alle Zutaten in eine Küchenmaschine geben und zu einer groben Konsistenz zerkleinern (oder für einen rustikalen Look Petersilie, Kapern und Ei von Hand hacken und mit den restlichen Zutaten verrühren). Abschmecken und nachwürzen.

h) Zum Servieren den Laib vom Handtuch nehmen, in 1 cm dicke Scheiben schneiden und auf einen Servierteller legen. Die Soße dazu servieren.

79. Geschmorte Eier mit Lamm, Tahini und Sumach

Macht: 4

ZUTATEN
- 1 EL Olivenöl
- 1 große Zwiebel, fein gehackt (insgesamt 1¼ Tassen / 200 g)
- 6 Knoblauchzehen, in dünne Scheiben geschnitten
- 10 oz / 300 g Lammhackfleisch
- 2 TL Sumach, plus etwas mehr zum Schluss
- 1 TL gemahlener Kreuzkümmel
- ½ Tasse / 50 g geröstete, ungesalzene Pistazien, zerstoßen
- 7 EL / 50 g geröstete Pinienkerne
- 2 TL Harissa-Paste (im Laden gekauft odersiehe Rezept)
- 1 EL fein gehackte, eingelegte Zitronenschale (im Laden gekauft odersiehe Rezept)
- 1⅓ Tassen / 200 g Kirschtomaten
- ½ Tasse / 120 ml Hühnerbrühe
- 4 große Eier aus Freilandhaltung
- ¼ Tasse / 5 g gepflückte Korianderblätter oder 1 ELZhoug
- Salz und frisch gemahlener schwarzer Pfeffer

JOGHURTSAUCE
- ½ Tasse / 100 g griechischer Joghurt
- 1½ EL / 25 g Tahini-Paste
- 2 EL frisch gepresster Zitronensaft
- 1 EL Wasser

ANWEISUNGEN
a) Erhitzen Sie das Olivenöl bei mittlerer Hitze in einer mittelgroßen Bratpfanne mit dickem Boden, für die Sie einen dicht schließenden Deckel haben. Fügen Sie die Zwiebel und den Knoblauch hinzu und braten Sie sie 6 Minuten lang an, damit sie weich werden und etwas Farbe bekommen. Erhöhen Sie die Hitze auf eine hohe Stufe, fügen Sie das Lammfleisch hinzu und bräunen Sie es 5 bis 6 Minuten lang gut an. Mit Sumach, Kreuzkümmel, ¾ Teelöffel Salz und etwas schwarzem Pfeffer würzen und eine weitere Minute kochen lassen. Den Herd

ausschalten, die Nüsse, Harissa und die eingelegte Zitrone unterrühren und beiseite stellen.

b) Während die Zwiebel kocht, erhitzen Sie eine separate kleine gusseiserne oder andere schwere Pfanne bei starker Hitze. Sobald es kochend heiß ist, fügen Sie die Kirschtomaten hinzu und kochen Sie sie 4 bis 6 Minuten lang. Wenden Sie sie dabei gelegentlich in der Pfanne, bis sie außen leicht geschwärzt sind. Beiseite legen.

c) Bereiten Sie die Joghurtsauce zu, indem Sie alle Zutaten mit einer Prise Salz verrühren. Es muss dick und reichhaltig sein, aber wenn es steif ist, müssen Sie möglicherweise einen Spritzer Wasser hinzufügen.

d) In diesem Stadium können Sie Fleisch, Tomaten und Soße bis zu einer Stunde ruhen lassen. Wenn Sie zum Servieren bereit sind, erhitzen Sie das Fleisch erneut, fügen Sie die Hühnerbrühe hinzu und bringen Sie es zum Kochen. In die Mischung vier kleine Mulden formen und in jede Mulde ein Ei aufschlagen. Decken Sie die Pfanne ab und kochen Sie die Eier 3 Minuten lang bei schwacher Hitze. Die Tomaten darauflegen, dabei das Eigelb aussparen, erneut abdecken und 5 Minuten kochen lassen, bis das Eiweiß gar ist, das Eigelb aber noch flüssig ist.

e) Vom Herd nehmen und mit Klecksen Joghurtsauce bestreuen, mit Sumach bestreuen und mit dem Koriander abschließen. Sofort servieren.

80. Langsam gegartes Kalbfleisch mit Pflaumen und Lauch

Ergibt: 4 GROSSZÜGIG

ZUTATEN

- ½ Tasse / 110 ml Sonnenblumenöl
- 4 große Ossobuco-Steaks, mit Knochen (insgesamt ca. 2¼ lb / 1 kg)
- 2 große Zwiebeln, fein gehackt (insgesamt etwa 3 Tassen / 500 g)
- 3 Knoblauchzehen, zerdrückt
- 6½ EL / 100 ml trockener Weißwein
- 1 Tasse / 250 ml Hühner- oder Rinderbrühe
- eine 400-g-Dose gehackte Tomaten
- 5 Zweige Thymian, Blätter fein gehackt
- 2 Lorbeerblätter
- Schale einer halben Orange, in Streifen
- 2 kleine Zimtstangen
- ½ TL gemahlener Piment
- 2 Sternanis
- 6 große Lauchstangen, nur der weiße Teil (insgesamt 800 g), in 1,5 cm dicke Scheiben geschnitten
- 7 oz / 200 g weiche Pflaumen, entkernt
- Salz und frisch gemahlener schwarzer Pfeffer
- DIENEN
- ½ Tasse / 120 g griechischer Joghurt
- 2 EL fein gehackte glatte Petersilie
- 2 EL abgeriebene Zitronenschale
- 2 Knoblauchzehen, zerdrückt

ANWEISUNGEN

a) Heizen Sie den Ofen auf 350 °F / 180 °C vor.

b) 2 Esslöffel Öl in einer großen Pfanne mit starkem Boden bei starker Hitze erhitzen. Die Kalbfleischstücke auf jeder Seite 2 Minuten braten, dabei das Fleisch gut bräunen. Zum Abtropfen in ein Sieb geben, während Sie die Tomatensauce zubereiten.

c) Entfernen Sie das meiste Fett aus der Pfanne, geben Sie zwei weitere Esslöffel Öl hinzu und fügen Sie die Zwiebeln und den Knoblauch hinzu. Wieder auf mittlere bis hohe Hitze stellen und etwa 10 Minuten lang anbraten, dabei gelegentlich umrühren und den Boden der Pfanne mit einem Holzlöffel abkratzen, bis die Zwiebeln weich und goldbraun sind. Den Wein dazugeben, zum Kochen bringen und 3 Minuten kräftig köcheln lassen, bis der größte Teil verdampft ist. Die Hälfte der Brühe, Tomaten, Thymian, Lorbeer, Orangenschale, Zimt, Piment, Sternanis, 1 Teelöffel Salz und etwas schwarzen Pfeffer hinzufügen. Gut umrühren und zum Kochen bringen. Die Kalbfleischstücke in die Soße geben und umrühren.

d) Geben Sie das Kalbfleisch und die Soße in eine tiefe Backform von etwa 33 x 24 cm (13 x 9½ Zoll) und verteilen Sie es gleichmäßig. Mit Alufolie abdecken und für 2½ Stunden in den Ofen stellen. Überprüfen Sie während des Kochens ein paar Mal, ob die Soße nicht zu dick wird und an den Rändern anbrennt. Um dies zu verhindern, müssen Sie wahrscheinlich etwas Wasser hinzufügen. Das Fleisch ist fertig, wenn es sich leicht vom Knochen lösen lässt. Das Kalbfleisch aus der Soße nehmen und in eine große Schüssel geben. Wenn es kühl genug zum Anfassen ist, lösen Sie das gesamte Fleisch von den Knochen und kratzen Sie mit einem kleinen Messer das gesamte Mark heraus. Entsorgen Sie die Knochen.

e) Das restliche Öl in einer separaten Bratpfanne erhitzen und den Lauch bei starker Hitze etwa 3 Minuten lang kräftig anbraten, dabei gelegentlich umrühren. Über die Tomatensauce geben. Als nächstes vermengen Sie in der Pfanne, in der Sie die Tomatensauce zubereitet haben, die Pflaumen, die restliche Brühe sowie das Pulled Meat und das Knochenmark und löffeln Sie dies über den Lauch. Mit Folie abdecken und eine weitere Stunde weitergaren. Nach dem Herausnehmen aus dem Ofen abschmecken und bei Bedarf mit Salz und mehr schwarzem Pfeffer würzen.

f) Heiß servieren, mit kaltem Joghurt darüber löffeln und mit einer Mischung aus Petersilie, Zitronenschale und Knoblauch bestreuen.

81. Lamm-Döner

Macht: 8

ZUTATEN

- 2 TL schwarze Pfefferkörner
- 5 ganze Nelken
- ½ TL Kardamomkapseln
- ¼ TL Bockshornkleesamen
- 1 TL Fenchelsamen
- 1 EL Kreuzkümmelsamen
- 1 Sternanis
- ½ Zimtstange
- ½ ganze Muskatnuss, gerieben
- ¼ TL gemahlener Ingwer
- 1 EL süßes Paprikapulver
- 1 EL Sumach
- 2½ TL Maldon-Meersalz
- 1 oz / 25 g frischer Ingwer, gerieben
- 3 Knoblauchzehen, zerdrückt
- ⅔ Tasse / 40 g gehackter Koriander, Stängel und Blätter
- ¼ Tasse / 60 ml frisch gepresster Zitronensaft
- ½ Tasse / 120 ml Erdnussöl
- 1 Lammkeule mit Knochen, etwa 2,5 bis 3 kg
- 1 Tasse / 240 ml kochendes Wasser

ANWEISUNGEN

a) Geben Sie die ersten 8 Zutaten in eine gusseiserne Pfanne und rösten Sie sie bei mittlerer bis hoher Hitze ein oder zwei Minuten lang trocken, bis die Gewürze zu platzen beginnen und ihr Aroma freisetzen. Achten Sie darauf, sie nicht zu verbrennen. Muskatnuss, Ingwer und Paprika dazugeben, noch ein paar Sekunden rühren, nur um sie zu erhitzen, und dann in eine Gewürzmühle geben. Die Gewürze zu einem gleichmäßigen Pulver verarbeiten. In eine mittelgroße Schüssel geben und alle restlichen Zutaten außer dem Lamm unterrühren.

b) Mit einem kleinen, scharfen Messer die Lammkeule an einigen Stellen einschneiden und 1,5 cm tiefe Schlitze durch das Fett und das Fleisch machen, damit die Marinade eindringen kann. In einen großen Bräter legen und die Marinade überall einreiben das Lamm; Massieren Sie das Fleisch mit den Händen gut ein. Decken Sie die Pfanne mit Aluminiumfolie ab und lassen Sie sie mindestens ein paar Stunden stehen oder lassen Sie sie besser über Nacht kalt stellen.

c) Den Backofen auf 325°F / 170°C vorheizen.

d) Legen Sie das Lammfleisch mit der Fettseite nach oben in den Ofen und braten Sie es insgesamt etwa 4½ Stunden lang, bis das Fleisch vollständig zart ist. Geben Sie nach 30 Minuten Braten das kochende Wasser in die Pfanne und begießen Sie das Fleisch etwa stündlich mit dieser Flüssigkeit. Fügen Sie nach Bedarf mehr Wasser hinzu und achten Sie darauf, dass immer etwa 0,5 cm Wasser auf dem Boden der Pfanne übrig bleibt. Decken Sie das Lamm in den letzten 3 Stunden mit Folie ab, damit die Gewürze nicht anbrennen. Sobald das Lamm fertig ist, nehmen Sie es aus dem Ofen und lassen es 10 Minuten ruhen, bevor Sie es tranchieren und servieren.

e) Die beste Art, dies zu servieren, ist unserer Meinung nach die Inspiration von Israels berühmtestem Shakshuka-Restaurant (SIEHE REZEPT), Dr. Shakshuka, in Jaffa, im Besitz von Bino Gabso. Nehmen Sie sechs einzelne Pita-Taschen und bestreichen Sie sie innen großzügig mit einem Aufstrich, der aus ⅔ Tasse / 120 g gehackten Dosentomaten, 2 Teelöffeln / 20 g Harissa-Paste, 4 Teelöffeln / 20 g Tomatenmark, 1 Esslöffel Olivenöl und etwas Salz besteht und Pfeffer. Wenn das Lammfleisch fertig ist, erwärmen Sie die Pitas in einer heißen Grillpfanne, bis sie auf beiden Seiten schöne Verkohlungsspuren aufweisen. Schneiden Sie das warme Lammfleisch in Scheiben und schneiden Sie die Scheiben in 1,5 cm breite Streifen. Stapeln Sie sie hoch über jedem warmen Pita, geben Sie etwas von der Bratflüssigkeit aus der Pfanne darüber, reduzieren Sie sie und garnieren Sie sie mit gehackten Zwiebeln, gehackter Petersilie und einer Prise Sumach. Und vergessen Sie nicht die frische Gurke und Tomate. Es ist ein himmlisches Gericht.

FISCH

82. Gebratener Wolfsbarsch mit Harissa und Rose

Ergibt: 2 BIS 4

ZUTATEN

- 3 EL Harissa-Paste (im Laden gekauft odersiehe Rezept)
- 1 TL gemahlener Kreuzkümmel
- 4 Wolfsbarschfilets, insgesamt ca. 450 g, ohne Haut und ohne Gräten
- Allzweckmehl zum Bestäuben
- 2 EL Olivenöl
- 2 mittelgroße Zwiebeln, fein gehackt
- 6½ EL / 100 ml Rotweinessig
- 1 TL gemahlener Zimt
- 1 Tasse / 200 ml Wasser
- 1½ EL Honig
- 1 EL Rosenwasser
- ½ Tasse / 60 g Johannisbeeren (optional)
- 2 EL grob gehackter Koriander (optional)
- 2 TL kleine getrocknete essbare Rosenblätter
- Salz und frisch gemahlener schwarzer Pfeffer

ANWEISUNGEN

a) Marinieren Sie zunächst den Fisch. Mischen Sie die Hälfte der Harissa-Paste, den gemahlenen Kreuzkümmel und einen halben Teelöffel Salz in einer kleinen Schüssel. Reiben Sie die Fischfilets mit der Paste ein und lassen Sie sie zwei Stunden lang im Kühlschrank marinieren.

b) Bestäuben Sie die Filets mit etwas Mehl und schütteln Sie das überschüssige Mehl ab. Das Olivenöl in einer breiten Bratpfanne bei mittlerer bis hoher Hitze erhitzen und die Filets auf jeder Seite 2 Minuten braten. Möglicherweise müssen Sie dies in zwei Durchgängen tun. Legen Sie den Fisch beiseite, lassen Sie das Öl in der Pfanne und geben Sie die Zwiebeln hinzu. Während des Kochens etwa 8 Minuten lang umrühren, bis die Zwiebeln goldbraun sind.

c) Fügen Sie die restliche Harissa, den Essig, den Zimt, ½ Teelöffel Salz und reichlich schwarzen Pfeffer hinzu. Gießen Sie das Wasser hinzu, reduzieren Sie die Hitze und lassen Sie die Sauce 10 bis 15 Minuten lang leicht köcheln, bis sie ziemlich dick ist.

d) Den Honig und das Rosenwasser zusammen mit den Johannisbeeren (falls verwendet) in die Pfanne geben und noch ein paar Minuten leicht köcheln lassen. Abschmecken und würzen, dann die Fischfilets wieder in die Pfanne geben; Sie können sie leicht überlappen, wenn sie nicht ganz passen. Geben Sie die Soße über den Fisch und lassen Sie ihn 3 Minuten lang in der köchelnden Soße erwärmen; Wenn die Sauce sehr dick ist, müssen Sie möglicherweise ein paar Esslöffel Wasser hinzufügen. Warm oder bei Zimmertemperatur servieren, mit Koriander (falls verwendet) und Rosenblättern bestreut servieren.

83. Fisch- und Kapernspieße mit gebrannten Auberginen und Zitronengurke

Ergibt: 12 KEBAB

ZUTATEN

- 2 mittelgroße Auberginen (insgesamt ca. 750 g)
- 2 EL griechischer Joghurt
- 1 Knoblauchzehe, zerdrückt
- 2 EL gehackte glatte Petersilie
- etwa 2 EL Sonnenblumenöl zum Braten
- 2 TLSchnell eingelegte Zitronen
- Salz und frisch gemahlener schwarzer Pfeffer
- FISCH KEBABS
- 14 oz / 400 g Schellfisch oder andere Weißfischfilets, enthäutet und entgrätet
- ½ Tasse / 30 g frische Semmelbrösel
- ½ großes Freilandei, geschlagen
- 2½ EL / 20 g Kapern, gehackt
- ⅔ oz / 20 g Dill, gehackt
- 2 Frühlingszwiebeln, fein gehackt
- abgeriebene Schale von 1 Zitrone
- 1 EL frisch gepresster Zitronensaft
- ¾ TL gemahlener Kreuzkümmel
- ½ TL gemahlener Kurkuma
- ½ TL Salz
- ¼ TL gemahlener weißer Pfeffer

ANWEISUNGEN

a) Beginnen Sie mit den Auberginen. Brennen Sie das Auberginenfleisch an, schälen Sie es und lassen Sie es abtropfen. Befolgen Sie dabei die Anweisungen imVerbrannte Aubergine mit Knoblauch, Zitrone und GranatapfelkernenRezept. Sobald es gut abgetropft ist, das Fruchtfleisch grob hacken und in eine Rührschüssel geben. Joghurt, Knoblauch, Petersilie, 1 Teelöffel Salz und reichlich schwarzen Pfeffer hinzufügen. Beiseite legen.

b) Schneiden Sie den Fisch in sehr dünne Scheiben, die nur etwa 2 mm dick sind. Die Scheiben in kleine Würfel schneiden und in eine mittelgroße Rührschüssel geben. Die restlichen Zutaten hinzufügen und gut verrühren. Befeuchten Sie Ihre Hände und formen Sie aus der Mischung 12 Pastetchen oder Finger zu je etwa 1½ oz/45 g. Auf einem Teller anrichten, mit Frischhaltefolie abdecken und mindestens 30 Minuten im Kühlschrank ruhen lassen.

c) Gießen Sie so viel Öl in eine Bratpfanne, dass sich ein dünner Film auf dem Boden bildet, und stellen Sie es auf mittlere bis hohe Hitze. Die Kebabs portionsweise 4 bis 6 Minuten pro Portion garen, dabei wenden, bis sie von allen Seiten Farbe haben und durchgegart sind.

d) Servieren Sie die Spieße noch heiß, 3 pro Portion, zusammen mit der verbrannten Aubergine und einer kleinen Menge eingelegter Zitrone (Vorsicht, die Zitronen dominieren).

84. Gebratene Makrele mit goldener Rübe und Orangensalsa

Ergibt: 4 ALS ANFANGSMITTEL

ZUTATEN

- 1 EL Harissa-Paste (im Laden gekauft odersiehe Rezept)
- 1 TL gemahlener Kreuzkümmel
- 4 Makrelenfilets (insgesamt ca. 260 g), mit Haut
- 1 mittelgoldene Rote Bete (insgesamt 3½ oz / 100 g)
- 1 mittelgroße Orange
- 1 kleine Zitrone, der Breite nach halbiert
- ¼ Tasse / 30 g entkernte Kalamata-Oliven, der Länge nach geviertelt
- ½ kleine rote Zwiebel, fein gehackt (¼ Tasse / insgesamt 40 g)
- ¼ Tasse / 15 g gehackte glatte Petersilie
- ½ TL Koriandersamen, geröstet und zerstoßen
- ¾ TL Kreuzkümmel, geröstet und zerstoßen
- ½ TL süßer Paprika
- ½ TL Chiliflocken
- 1 EL Haselnuss- oder Walnussöl
- ½ TL Olivenöl
- Salz

ANWEISUNGEN

a) Mischen Sie die Harissa-Paste, den gemahlenen Kreuzkümmel und eine Prise Salz und reiben Sie die Mischung in die Makrelenfilets. Bis zum Kochen im Kühlschrank aufbewahren.

b) Kochen Sie die Rüben in reichlich Wasser etwa 20 Minuten lang (je nach Sorte kann es auch länger dauern), bis ein Spieß reibungslos hineingleitet. Abkühlen lassen, dann schälen, in 0,5 cm große Würfel schneiden und in eine Rührschüssel geben.

c) Schälen Sie die Orange und eine Zitronenhälfte, entfernen Sie die äußere Schale und schneiden Sie sie in Viertel. Entfernen Sie das mittlere Mark und alle Kerne und schneiden Sie das Fruchtfleisch in 0,5 cm große Würfel. Zusammen mit den Oliven, roten Zwiebeln und Petersilie zu den Rüben geben.

d) In einer separaten Schüssel die Gewürze, den Saft der restlichen Zitronenhälfte und das Nussöl vermischen. Gießen Sie dies über die Rote-Bete-Orangen-Mischung, rühren Sie um und würzen Sie es mit Salz. Lassen Sie die Salsa am besten mindestens 10 Minuten bei Zimmertemperatur stehen, damit sich alle Aromen vermischen können.

e) Kurz vor dem Servieren das Olivenöl in einer großen beschichteten Bratpfanne bei mittlerer Hitze erhitzen. Legen Sie die Makrelenfilets mit der Hautseite nach unten in die Pfanne und kochen Sie sie unter einmaligem Wenden etwa 3 Minuten lang, bis sie gar sind. Auf Servierteller verteilen und die Salsa darüber löffeln.

85. Kabeljau-Kuchen in Tomatensauce

Macht: 4

ZUTATEN

- 3 Scheiben Weißbrot, Krusten entfernt (insgesamt ca. 2 oz / 60 g)
- 1⅓ lb / 600 g Kabeljau-, Heilbutt-, Seehecht- oder Seelachsfilet, enthäutet und entgrätet
- 1 mittelgroße Zwiebel, fein gehackt (insgesamt etwa 1 Tasse / 150 g)
- 4 Knoblauchzehen, zerdrückt
- 1 oz / 30 g glatte Petersilie, fein gehackt
- 1 oz / 30 g Koriander, fein gehackt
- 1 EL gemahlener Kreuzkümmel
- 1½ TL Salz
- 2 extra große Eier aus Freilandhaltung, geschlagen
- 4 EL Olivenöl
- TOMATENSAUCE
- 2½ EL Olivenöl
- 1½ TL gemahlener Kreuzkümmel
- ½ TL süßer Paprika
- 1 TL gemahlener Koriander
- 1 mittelgroße Zwiebel, gehackt
- ½ Tasse / 125 ml trockener Weißwein
- eine 400-g-Dose gehackte Tomaten
- 1 rote Chilischote, entkernt und fein gehackt
- 1 Knoblauchzehe, zerdrückt
- 2 TL feinster Zucker
- 2 EL Minzblätter, grob gehackt
- Salz und frisch gemahlener schwarzer Pfeffer

ANWEISUNGEN

a) Bereiten Sie zunächst die Tomatensoße zu. Erhitzen Sie das Olivenöl bei mittlerer Hitze in einer sehr großen Bratpfanne, für die Sie einen Deckel haben. Die Gewürze und die Zwiebel hinzufügen und 8 bis 10 Minuten kochen lassen, bis die Zwiebel ganz weich ist. Den Wein hinzufügen und 3 Minuten köcheln lassen. Tomaten, Chili, Knoblauch, Zucker, ½ Teelöffel Salz und etwas schwarzen Pfeffer hinzufügen. Etwa 15 Minuten köcheln lassen, bis es ziemlich dick ist. Abschmecken, um die Gewürze anzupassen, und beiseite stellen.

b) Während die Soße kocht, bereiten Sie die Fischfrikadellen zu. Geben Sie das Brot in eine Küchenmaschine und zerkleinern Sie es zu Semmelbröseln. Den Fisch sehr fein hacken und zusammen mit dem Brot und allem anderen, außer dem Olivenöl, in eine Schüssel geben. Gut vermischen und dann mit den Händen aus der Mischung kompakte Kuchen mit einer Dicke von etwa 2 cm und einem Durchmesser von 8 cm formen. Sie sollten 8 Kuchen haben. Wenn sie sehr weich sind, stellen Sie sie 30 Minuten lang in den Kühlschrank, damit sie fester werden. (Sie können der Mischung auch etwas getrocknete Semmelbrösel hinzufügen, aber gehen Sie dabei sparsam vor; die Kuchen müssen ziemlich feucht sein.)

c) Die Hälfte des Olivenöls in einer Bratpfanne bei mittlerer bis hoher Hitze erhitzen, die Hälfte der Kuchen hinzufügen und auf jeder Seite 3 Minuten anbraten, bis sie eine schöne Farbe haben. Mit den restlichen Kuchen und dem Öl wiederholen.

d) Legen Sie die angebratenen Kuchen vorsichtig nebeneinander in die Tomatensauce. Sie können sie ein wenig zusammendrücken, damit sie alle passen. Fügen Sie gerade so viel Wasser hinzu, dass die Kuchen teilweise bedeckt sind (ca. 1 Tasse / 200 ml). Die Pfanne mit dem Deckel abdecken und bei sehr schwacher Hitze 15 bis 20 Minuten köcheln lassen. Schalten Sie den Herd aus und lassen Sie die Kuchen mindestens 10 Minuten ohne Deckel ruhen, bevor Sie sie warm oder bei Zimmertemperatur servieren und mit der Minze bestreut servieren.

86. Gegrillte Fischspieße mit Hawayej und Petersilie

Ergibt: 4 bis 6

ZUTATEN

- 1 kg feste, weiße Fischfilets wie Seeteufel oder Heilbutt, enthäutet, entgrätet und in 2,5 cm große Würfel geschnitten
- 1 Tasse / 50 g fein gehackte glatte Petersilie
- 2 große Knoblauchzehen, zerdrückt
- ½ TL Chiliflocken
- 1 EL frisch gepresster Zitronensaft
- 2 EL Olivenöl
- Salz
- Zitronenspalten zum Servieren
- 15 bis 18 lange Bambusspieße, 1 Stunde in Wasser eingeweicht
- HAWAYEJ GEWÜRZMISCHUNG
- 1 TL schwarze Pfefferkörner
- 1 TL Koriandersamen
- 1½ TL Kreuzkümmelsamen
- 4 ganze Nelken
- ½ TL gemahlener Kardamom
- 1½ TL gemahlener Kurkuma

ANWEISUNGEN

a) Beginnen Sie mit der Hawayej-Mischung. Pfefferkörner, Koriander, Kreuzkümmel und Nelken in eine Gewürzmühle oder einen Mörser geben und fein zermahlen. Den gemahlenen Kardamom und die Kurkuma dazugeben, gut umrühren und in eine große Rührschüssel geben.

b) Geben Sie Fisch, Petersilie, Knoblauch, Chiliflocken, Zitronensaft und 1 Teelöffel Salz in die Schüssel mit den Hawayej-Gewürzen. Mit den Händen gut vermischen und den Fisch in der Gewürzmischung einmassieren, bis alle Stücke gut bedeckt sind. Die Schüssel abdecken und idealerweise 6 bis 12 Stunden im Kühlschrank marinieren lassen. Wenn Sie diese Zeit nicht erübrigen können, machen Sie sich keine Sorgen. eine Stunde sollte auch in Ordnung sein.

c) Stellen Sie eine geriffelte Grillpfanne auf hohe Hitze und lassen Sie sie etwa 4 Minuten lang heiß werden. In der Zwischenzeit die Fischstücke auf die Spieße stecken, jeweils 5 bis 6 Stück, dabei darauf achten, dass zwischen den Stücken Lücken bleiben. Bestreichen Sie den Fisch vorsichtig mit etwas Olivenöl und legen Sie die Spieße in 3 bis 4 Portionen auf die heiße Grillplatte, damit sie nicht zu dicht beieinander liegen. Auf jeder Seite etwa 1½ Minuten grillen, bis der Fisch gar ist. Alternativ können Sie sie auf einem Grill oder unter einem Grill garen, wo sie auf jeder Seite etwa 2 Minuten zum Garen benötigen.

d) Sofort mit den Zitronenspalten servieren.

87. Frikasseesalat

Macht: 4

ZUTATEN
- 4 Rosmarinzweige
- 4 Lorbeerblätter
- 3 EL schwarze Pfefferkörner
- etwa 1⅔ Tassen / 400 ml natives Olivenöl extra
- 10½ oz / 300 g Thunfischsteak, in einem oder zwei Stücken
- 1⅓ lb / 600 g Yukon Gold-Kartoffeln, geschält und in ¾-Zoll / 2 cm große Stücke geschnitten
- ½ TL gemahlener Kurkuma
- 5 Sardellenfilets, grob gehackt
- 3 EL Harissa-Paste (im Laden gekauft odersiehe Rezept)
- 4 EL Kapern
- 2 TL fein gehackte, eingelegte Zitronenschale (im Laden gekauft odersiehe Rezept)
- ½ Tasse / 60 g schwarze Oliven, entkernt und halbiert
- 2 EL frisch gepresster Zitronensaft
- 5 oz / 140 g konservierte Piquillo-Paprikaschoten (ca. 5 Paprikaschoten), in grobe Streifen gerissen
- 4 große Eier, hart gekocht, geschält und geviertelt
- 2 kleine Salatblätter (insgesamt ca. 140 g), die Blätter getrennt und zerzupft
- ⅔ oz / 20 g glatte Petersilie, Blätter gepflückt und zerzupft
- Salz

ANWEISUNGEN

a) Um den Thunfisch zuzubereiten, geben Sie Rosmarin, Lorbeerblätter und Pfefferkörner in einen kleinen Topf und fügen Sie das Olivenöl hinzu. Erhitzen Sie das Öl bis knapp unter den Siedepunkt, wenn kleine Bläschen an der Oberfläche aufsteigen. Den Thunfisch vorsichtig dazugeben (der Thunfisch muss vollständig bedeckt sein; andernfalls mehr Öl erhitzen und in die Pfanne geben). Vom Herd nehmen und einige Stunden ohne Deckel stehen lassen, dann die Pfanne abdecken und für mindestens 24 Stunden in den Kühlschrank stellen.

b) Kochen Sie die Kartoffeln mit dem Kurkuma in reichlich kochendem Salzwasser 10 bis 12 Minuten lang, bis sie gar sind. Vorsichtig abtropfen lassen, dabei darauf achten, dass kein Kurkumawasser verschüttet wird (die Flecken sind mühsam zu entfernen!), und in eine große Rührschüssel geben. Während die Kartoffeln noch heiß sind, Sardellen, Harissa, Kapern, eingelegte Zitrone, Oliven, 6 EL/90 ml Thunfisch-Konservierungsöl und einige Pfefferkörner aus dem Öl hinzufügen. Vorsichtig mischen und abkühlen lassen.

c) Den Thunfisch aus dem restlichen Öl nehmen, in mundgerechte Stücke schneiden und zum Salat geben. Zitronensaft, Paprika, Eier, Salat und Petersilie hinzufügen. Vorsichtig umrühren, abschmecken, bei Bedarf Salz und eventuell noch mehr Öl hinzufügen und dann servieren.

## 88.	Garnelen, Jakobsmuscheln und Muscheln mit Tomaten und Feta

Ergibt: 4 ALS ANFANGSMITTEL

ZUTATEN

- 1 Tasse / 250 ml Weißwein
- 1 kg Muscheln, geschrubbt
- 3 Knoblauchzehen, in dünne Scheiben geschnitten
- 3 EL Olivenöl, plus etwas zum Schluss
- 3½ Tassen / 600 g geschälte und gehackte italienische Pflaumentomaten (frisch oder aus der Dose)
- 1 TL feinster Zucker
- 2 EL gehackter Oregano
- 1 Zitrone
- 7 oz / 200 g Riesengarnelen, geschält und entdarmt
- 7 oz / 200 g große Jakobsmuscheln (wenn sehr groß, horizontal halbieren)
- 120 g Feta-Käse, in 2 cm große Stücke gebrochen
- 3 Frühlingszwiebeln, in dünne Scheiben geschnitten
- Salz und frisch gemahlener schwarzer Pfeffer

ANWEISUNGEN

a) Geben Sie den Wein in einen mittelgroßen Topf und kochen Sie ihn, bis er auf drei Viertel reduziert ist. Die Muscheln dazugeben, sofort einen Deckel auflegen und bei starker Hitze etwa 2 Minuten kochen, dabei die Pfanne gelegentlich schütteln, bis sich die Muscheln öffnen. Zum Abtropfen in ein feines Sieb geben und den Kochsaft in einer Schüssel auffangen. Entsorgen Sie alle Muscheln, die sich nicht öffnen, entfernen Sie dann den Rest aus ihrer Schale und lassen Sie nach Belieben ein paar Muscheln übrig, um das Gericht fertigzustellen.

b) Heizen Sie den Ofen auf 475 °F / 240 °C vor.

c) In einer großen Bratpfanne den Knoblauch im Olivenöl bei mittlerer bis hoher Hitze etwa 1 Minute lang goldbraun braten. Tomaten, Muschelflüssigkeit, Zucker, Oregano sowie etwas Salz und Pfeffer vorsichtig hinzufügen. Von der Zitrone 3 Streifen Schale abschneiden, zugeben und 20 bis 25 Minuten leicht köcheln lassen, bis die Soße eindickt. Abschmecken und nach Bedarf Salz und Pfeffer hinzufügen. Die Zitronenschale wegwerfen.

d) Garnelen und Jakobsmuscheln hinzufügen, vorsichtig umrühren und nur ein oder zwei Minuten kochen lassen. Die geschälten Muscheln unterheben und alles in eine kleine ofenfeste Form geben. Die Fetastücke in der Soße versenken und mit der Frühlingszwiebel bestreuen. Nach Belieben mit einigen Muscheln in der Schale belegen und für 3 bis 5 Minuten in den Ofen geben, bis sich die Oberfläche leicht verfärbt und die Garnelen und Jakobsmuscheln gerade gar sind. Die Form aus dem Ofen nehmen, etwas Zitronensaft darüberpressen und mit einem Schuss Olivenöl abschließen.

89. Lachssteaks in Chraimeh-Sauce

Macht: 4

ZUTATEN
- ½ Tasse / 110 ml Sonnenblumenöl
- 3 EL Allzweckmehl
- 4 Lachssteaks, etwa 1 Pfund / 950 g
- 6 Knoblauchzehen, grob gehackt
- 2 TL süßes Paprikapulver
- 1 EL Kümmel, trocken geröstet und frisch gemahlen
- 1½ TL gemahlener Kreuzkümmel
- abgerundeter ¼ TL Cayennepfeffer
- gerundet ¼ TL gemahlener Zimt
- 1 grüne Chilischote, grob gehackt
- ⅔ Tasse / 150 ml Wasser
- 3 EL Tomatenmark
- 2 TL feinster Zucker
- 1 Zitrone, in 4 Spalten geschnitten, plus 2 EL frisch gepresster Zitronensaft
- 2 EL grob gehackter Koriander
- Salz und frisch gemahlener schwarzer Pfeffer

ANWEISUNGEN

a) Erhitzen Sie 2 Esslöffel Sonnenblumenöl bei starker Hitze in einer großen Bratpfanne, für die Sie einen Deckel haben. Das Mehl in eine flache Schüssel geben, großzügig mit Salz und Pfeffer würzen und den Fisch darin wenden. Schütteln Sie das überschüssige Mehl ab und braten Sie den Fisch auf jeder Seite ein bis zwei Minuten lang an, bis er goldbraun ist. Nehmen Sie den Fisch heraus und wischen Sie die Pfanne sauber.

b) Knoblauch, Gewürze, Chili und 2 Esslöffel Sonnenblumenöl in eine Küchenmaschine geben und zu einer dicken Paste pürieren. Möglicherweise müssen Sie noch etwas Öl hinzufügen, um alles zu vermischen.

c) Das restliche Öl in die Pfanne geben, gut erhitzen und die Gewürzpaste hinzufügen. Rühren und braten Sie es nur 30 Sekunden lang, damit die Gewürze nicht anbrennen. Geben Sie schnell, aber vorsichtig (es könnte spucken!) Wasser und Tomatenmark hinzu, damit die Gewürze nicht kochen. Zum Kochen bringen und Zucker, Zitronensaft, ¾ Teelöffel Salz und etwas Pfeffer hinzufügen. Zum Würzen abschmecken.

d) Den Fisch in die Soße geben, leicht köcheln lassen, die Pfanne abdecken und je nach Größe des Fisches 7 bis 11 Minuten garen, bis er gar ist. Den Topf vom Herd nehmen, den Deckel abnehmen und abkühlen lassen. Den Fisch einfach warm oder bei Zimmertemperatur servieren. Jede Portion mit Koriander und einer Zitronenscheibe garnieren.

90. Marinierter süß-saurer Fisch

Macht: 4

ZUTATEN
- 3 EL Olivenöl
- 2 mittelgroße Zwiebeln, in 1 cm große Scheiben geschnitten (insgesamt 3 Tassen / 350 g)
- 1 EL Koriandersamen
- 2 Paprikaschoten (1 rot und 1 gelb), der Länge nach halbiert, entkernt und in 1 cm breite Streifen geschnitten (insgesamt 3 Tassen / 300 g)
- 2 Knoblauchzehen, zerdrückt
- 3 Lorbeerblätter
- 1½ EL Currypulver
- 3 Tomaten, gehackt (insgesamt 2 Tassen / 320 g)
- 2½ EL Zucker
- 5 EL Apfelessig
- 500 g Seelachs, Kabeljau, Heilbutt, Schellfisch oder andere Weißfischfilets, aufgeteilt in 4 gleiche Stücke
- gewürztes Allzweckmehl zum Bestäuben
- 2 extragroße Eier, geschlagen
- ⅓ Tasse / 20 g gehackter Koriander

Salz und frisch gemahlener schwarzer Pfeffer

ANWEISUNGEN
a) Heizen Sie den Ofen auf 375 °F / 190 °C vor.
b) Erhitzen Sie 2 Esslöffel Olivenöl in einer großen ofenfesten Bratpfanne oder einem Schmortopf bei mittlerer Hitze. Zwiebeln und Koriandersamen dazugeben und unter häufigem Rühren 5 Minuten kochen lassen. Die Paprika hinzufügen und weitere 10 Minuten kochen lassen. Knoblauch, Lorbeerblätter, Currypulver und Tomaten hinzufügen und weitere 8 Minuten kochen lassen, dabei gelegentlich umrühren. Zucker, Essig, 1½ Teelöffel Salz und etwas schwarzen Pfeffer hinzufügen und weitere 5 Minuten kochen lassen.

c) In der Zwischenzeit den restlichen 1 Esslöffel Öl in einer separaten Bratpfanne bei mittlerer bis hoher Hitze erhitzen. Bestreuen Sie den Fisch mit etwas Salz, tauchen Sie ihn in das Mehl, dann in die Eier und braten Sie ihn etwa 3 Minuten lang, dabei einmal wenden. Übertragen Sie den Fisch auf Papiertücher, um das überschüssige Öl aufzusaugen, und geben Sie ihn dann zusammen mit den Paprikaschoten und Zwiebeln in die Pfanne. Schieben Sie dabei das Gemüse beiseite, sodass der Fisch auf dem Boden der Pfanne liegt. Fügen Sie so viel Wasser hinzu, dass der Fisch gerade in die Flüssigkeit eintaucht (ca. 1 Tasse/250 ml).

d) Stellen Sie die Pfanne für 10 bis 12 Minuten in den Ofen, bis der Fisch gar ist. Aus dem Ofen nehmen und auf Raumtemperatur abkühlen lassen. Der Fisch kann jetzt serviert werden, aber nach ein oder zwei Tagen im Kühlschrank ist er tatsächlich besser. Vor dem Servieren abschmecken, bei Bedarf Salz und Pfeffer hinzufügen und mit Koriander garnieren.

Herzhaftes Gebäck

91. Galettes mit roter Paprika und gebackenem Ei

Macht: 4

ZUTATEN

- 4 mittelgroße rote Paprika, halbiert, entkernt und in 1 cm breite Streifen geschnitten
- 3 kleine Zwiebeln, halbiert und in 2 cm breite Spalten geschnitten
- 4 Thymianzweige, Blätter abgezupft und gehackt
- 1½ TL gemahlener Koriander
- 1½ TL gemahlener Kreuzkümmel
- 6 EL Olivenöl, plus etwas zum Schluss
- 1½ EL glatte Petersilienblätter, grob gehackt
- 1½ EL Korianderblätter, grob gehackt
- 9 oz / 250 g Blätterteig bester Qualität, ausschließlich aus Butter
- 2 EL / 30 g Sauerrahm
- 4 große Eier aus Freilandhaltung (oder 5½ oz / 160 g Feta-Käse, zerbröckelt) plus 1 Ei, leicht geschlagen
- Salz und frisch gemahlener schwarzer Pfeffer

ANWEISUNGEN

a) Heizen Sie den Ofen auf 400 °F / 210 °C vor. In einer großen Schüssel Paprika, Zwiebeln, Thymianblätter, gemahlene Gewürze, Olivenöl und eine gute Prise Salz vermischen. In einem Bräter ausbreiten und 35 Minuten rösten, dabei während des Kochens mehrmals umrühren. Das Gemüse sollte weich und süß, aber nicht zu knusprig oder braun sein, da es sonst weiter gart. Aus dem Ofen nehmen und die Hälfte der frischen Kräuter unterrühren. Zum Würzen abschmecken und beiseite stellen. Stellen Sie den Ofen auf 220 °C (425 °F) hoch.

b) Rollen Sie den Blätterteig auf einer leicht bemehlten Arbeitsfläche zu einem 12 Zoll / 30 cm großen Quadrat mit einer Dicke von etwa ⅛ Zoll / 3 mm aus und schneiden Sie ihn in vier 6 Zoll / 15 cm große Quadrate. Stechen Sie die Quadrate rundherum mit einer Gabel ein und legen Sie sie mit ausreichend Abstand auf ein mit Backpapier ausgelegtes Backblech. Mindestens 30 Minuten im Kühlschrank ruhen lassen.

c) Den Teig aus dem Kühlschrank nehmen und die Oberseite und die Seiten mit geschlagenem Ei bestreichen. Verteilen Sie mit einem versetzten Spatel oder der Rückseite eines Löffels 1½ Teelöffel Sauerrahm auf jedem Quadrat und lassen Sie an den Rändern einen 0,5 cm breiten Rand frei. 3 Esslöffel der Pfeffermischung auf den mit Sauerrahm belegten Quadraten verteilen, dabei die Ränder frei lassen, damit sie aufgehen können. Es sollte ziemlich gleichmäßig verteilt sein, aber in der Mitte eine flache Mulde lassen, um später ein Ei aufzunehmen.

d) Die Galettes 14 Minuten backen. Nehmen Sie das Backblech aus dem Ofen und schlagen Sie vorsichtig ein ganzes Ei in die Vertiefung in der Mitte jedes Teigstücks. Zurück in den Ofen und weitere 7 Minuten kochen lassen, bis die Eier gerade fest sind. Mit schwarzem Pfeffer und den restlichen Kräutern bestreuen und mit Öl beträufeln. Sofort servieren.

92. Ziegel

Macht: 2

ZUTATEN
- etwa 1 Tasse / 250 ml Sonnenblumenöl
- 2 Kreise Feuilles de Brick-Teig, 10 bis 12 Zoll / 25 bis 30 cm Durchmesser
- 3 EL gehackte glatte Petersilie
- 1½ EL gehackte Frühlingszwiebeln, sowohl der grüne als auch der weiße Teil
- 2 große Eier aus Freilandhaltung
- Salz und frisch gemahlener schwarzer Pfeffer

ANWEISUNGEN

a) Gießen Sie das Sonnenblumenöl in einen mittelgroßen Topf. es sollte etwa ¾ Zoll / 2 cm über den Rand der Pfanne hinausragen. Bei mittlerer Hitze erhitzen und stehen lassen, bis das Öl heiß ist. Es darf nicht zu heiß sein, sonst verbrennt der Teig, bevor das Ei gar ist. Sobald die richtige Temperatur erreicht ist, bilden sich winzige Bläschen.

b) Legen Sie einen der Teigkreise in eine flache Schüssel. (Wenn Sie nicht viel Teig verschwenden möchten, können Sie ein größeres Stück verwenden und den Teig mehr auffüllen.) Sie müssen schnell arbeiten, damit der Teig nicht austrocknet und steif wird. Die Hälfte der Petersilie in die Mitte des Kreises geben und mit der Hälfte der Frühlingszwiebeln bestreuen. Erstellen Sie ein kleines Nest, in dem Sie ein Ei ablegen können, und schlagen Sie dann vorsichtig ein Ei in das Nest. Großzügig mit Salz und Pfeffer bestreuen und die Seiten des Teigs einschlagen, so dass ein Päckchen entsteht. Die vier Falten überlappen sich, so dass das Ei vollständig umschlossen ist. Sie können den Teig nicht verschließen, aber eine saubere Falte sollte das Ei im Inneren halten.

c) Drehen Sie das Paket vorsichtig um und legen Sie es vorsichtig mit der versiegelten Seite nach unten in das Öl. Auf jeder Seite 60 bis 90 Sekunden backen, bis der Teig goldbraun ist. Das Eiweiß sollte fest und das Eigelb noch flüssig sein. Heben Sie das gekochte Päckchen aus dem Öl und legen Sie es zwischen Papiertücher, um das überschüssige Öl aufzusaugen. Halten Sie es warm, während Sie den zweiten Teig backen. Servieren Sie beide Pakete gleichzeitig.

93. Sfiha oder Lahm Bi'ajeen

Ergibt: ca. 14 Stück Gebäck

BELAG

ZUTATEN
- 250 g Lammhackfleisch
- 1 große Zwiebel, fein gehackt (1 gehäufte Tasse / insgesamt 180 g)
- 2 mittelgroße Tomaten, fein gehackt (1½ Tassen / 250 g)
- 3 EL helle Tahinipaste
- 1¼ TL Salz
- 1 TL gemahlener Zimt
- 1 TL gemahlener Piment
- ⅛ TL Cayennepfeffer
- 25 g glatte Petersilie, gehackt
- 1 EL frisch gepresster Zitronensaft
- 1 EL Granatapfelmelasse
- 1 EL Sumach
- 3 EL / 25 g Pinienkerne
- 2 Zitronen, in Spalten geschnitten

TEIG
- 1⅔ Tassen / 230 g Brotmehl
- 1½ EL Milchpulver
- ½ EL Salz
- 1½ TL schnell aufgehende aktive Trockenhefe
- ½ TL Backpulver
- 1 EL Zucker
- ½ Tasse / 125 ml Sonnenblumenöl
- 1 großes Freilandei
- ½ Tasse / 110 ml lauwarmes Wasser
- Olivenöl, zum Bestreichen

ANWEISUNGEN

a) Beginnen Sie mit dem Teig. Mehl, Milchpulver, Salz, Hefe, Backpulver und Zucker in eine große Rührschüssel geben. Gut umrühren, um alles zu vermischen, dann eine Mulde in die Mitte formen. Geben Sie das Sonnenblumenöl und das Ei in die Mulde und rühren Sie um, während Sie das Wasser hinzufügen. Wenn der Teig zusammenkommt, geben Sie ihn auf eine Arbeitsfläche und kneten Sie ihn 3 Minuten lang, bis er elastisch und gleichmäßig ist. In eine Schüssel geben, mit etwas Olivenöl bestreichen, mit einem Handtuch abdecken und an einem warmen Ort 1 Stunde gehen lassen, dann sollte der Teig etwas aufgegangen sein.

b) In einer separaten Schüssel alle Topping-Zutaten mit Ausnahme der Pinienkerne und Zitronenschnitze mit den Händen vermischen. Beiseite legen.

c) Heizen Sie den Ofen auf 450 °F / 230 °C vor. Ein großes Backblech mit Backpapier auslegen.

d) Teilen Sie den aufgegangenen Teig in 2-oz/50-g-Kugeln. Sie sollten ungefähr 14 davon haben. Rollen Sie jede Kugel zu einem Kreis mit einem Durchmesser von etwa 12 cm und einer Dicke von 2 mm aus. Jeden Kreis auf beiden Seiten leicht mit Olivenöl bestreichen und auf das Backblech legen. Abdecken und 15 Minuten gehen lassen.

e) Verteilen Sie die Füllung mit einem Löffel auf den Teigtaschen und verteilen Sie sie gleichmäßig, sodass sie den Teig vollständig bedeckt. Mit den Pinienkernen bestreuen. Lassen Sie den Teig weitere 15 Minuten gehen und stellen Sie ihn dann für etwa 15 Minuten in den Ofen, bis er gar ist. Sie möchten sicherstellen, dass der Teig gerade gebacken und nicht überbacken ist; Der Belag sollte innen leicht rosa und der Teig auf der Unterseite golden sein. Aus dem Ofen nehmen und warm oder bei Zimmertemperatur mit den Zitronenschnitzen servieren.

94. Ka'ach Bilmalch

Ergibt: 30 bis 40 Kekse

ZUTATEN

- 4 Tassen / 500 g Allzweckmehl, gesiebt
- 6½ EL / 100 ml Sonnenblumenöl
- 6½ EL / 100 g ungesalzene Butter, gewürfelt und weich werden lassen
- 1 TL schnell aufgehende aktive Trockenhefe
- 1 TL Backpulver
- 1 TL Zucker
- 1½ TL Salz
- ½ TL gemahlener Kreuzkümmel
- 1½ EL Fenchelsamen, geröstet und ganz leicht zerstoßen
- ca. 6½ EL / 100 ml Wasser
- 1 großes Freilandei, geschlagen
- 2 TL weiße und schwarze Sesamkörner
- Dip-Sauce
- 1¼ oz / 35 g glatte Petersilie (Stängel und Blätter)
- 1 Knoblauchzehe, zerdrückt
- 2 EL / 25 g leichte Tahinipaste
- ½ Tasse / 125 g griechischer Joghurt
- 5 TL / 25 ml frisch gepresster Zitronensaft
- Prise Salz

ANWEISUNGEN

a) Heizen Sie den Ofen auf 400 °F / 200 °C vor. Das gesiebte Mehl in eine große Schüssel geben und in der Mitte eine Mulde formen. Das Öl in die Mulde gießen, Butter, Hefe, Backpulver, Zucker, Salz und Gewürze dazugeben und gut verrühren, bis ein Teig entsteht. Unter Rühren nach und nach das Wasser hinzufügen, bis der Teig glatt ist. Ein paar Minuten kneten.

b) Ein Backblech mit Backpapier auslegen. Aus den Teigstücken kleine Kugeln formen, jeweils etwa 25 g schwer. Rollen Sie die Kugeln auf einer sauberen Oberfläche zu langen Schlangen mit einer Dicke von etwa 1 cm und einer Länge von 12 bis 13 cm. Formen Sie jede Schlange zu einem geschlossenen Ring und legen Sie sie mit einem Abstand von etwa 2 cm auf das Backblech. Jeden Ring mit dem Ei bestreichen und leicht mit den Sesamkörnern bestreuen. 30 Minuten gehen lassen.

c) Backen Sie die Kekse 22 Minuten lang, bis sie goldbraun sind. Lassen Sie es abkühlen, bevor Sie es in einem sauberen Glas oder einem luftdichten Behälter aufbewahren. Sie sind bis zu 10 Tage haltbar.

d) Um die Dip-Sauce zuzubereiten, pürieren Sie einfach alle Zutaten miteinander, um eine gleichmäßig grüne Sauce zu erhalten. Fügen Sie etwa einen Esslöffel Wasser hinzu, wenn die Soße sehr dick ist. Sie möchten eine schöne Beschichtungskonsistenz.

95. Kräuterkuchen

Macht: 4

ZUTATEN

- 2 EL Olivenöl, plus etwas Olivenöl zum Bestreichen des Teigs
- 1 große Zwiebel, gewürfelt
- 1 Pfund / 500 g Mangold, Stiele und Blätter fein zerkleinert, aber getrennt aufbewahren
- 150 g Sellerie, in dünne Scheiben geschnitten
- 1¾ oz / 50 g Frühlingszwiebel, gehackt
- 1¾ oz / 50 g Rucola
- 30 g glatte Petersilie, gehackt
- 1 oz / 30 g Minze, gehackt
- ¾ oz / 20 g Dill, gehackt
- 120 g Anari- oder Ricotta-Käse, zerbröckelt
- 3½ oz / 100 g gereifter Cheddar-Käse, gerieben
- 2 oz / 60 g Feta-Käse, zerbröselt
- abgeriebene Schale von 1 Zitrone
- 2 große Eier aus Freilandhaltung
- ⅓ TL Salz
- ½ TL frisch gemahlener schwarzer Pfeffer
- ½ TL feinster Zucker
- 250 g Filoteig

ANWEISUNGEN

a) Heizen Sie den Ofen auf 400 °F / 200 °C vor. Gießen Sie das Olivenöl bei mittlerer Hitze in eine große, tiefe Pfanne. Die Zwiebel dazugeben und 8 Minuten anbraten, ohne braun zu werden. Die Mangoldstiele und den Sellerie dazugeben und unter gelegentlichem Rühren 4 Minuten weitergaren. Fügen Sie die Mangoldblätter hinzu, erhöhen Sie die Hitze auf mittelhoch und rühren Sie 4 Minuten lang um, bis die Blätter zusammenfallen. Frühlingszwiebel, Rucola und Kräuter hinzufügen und weitere 2 Minuten kochen lassen. Vom Herd nehmen und zum Abkühlen in ein Sieb geben.

b) Sobald die Mischung abgekühlt ist, drücken Sie so viel Wasser wie möglich aus und geben Sie sie in eine Rührschüssel. Die drei Käsesorten, Zitronenschale, Eier, Salz, Pfeffer und Zucker hinzufügen und gut vermischen.

c) Legen Sie ein Blatt Filoteig aus und bestreichen Sie es mit etwas Olivenöl. Mit einem weiteren Blatt abdecken und auf die gleiche Weise fortfahren, bis Sie fünf mit Öl bestrichene Schichten Filo haben, die alle eine Fläche bedecken, die groß genug ist, um die Seiten und den Boden einer 22 cm großen Kuchenform auszukleiden, plus etwas mehr, um über den Rand zu hängen . Legen Sie den Teig in die Kuchenform, füllen Sie ihn mit der Kräutermischung und falten Sie den überschüssigen Teig über den Rand der Füllung. Schneiden Sie den Teig nach Bedarf ab, um einen 2 cm breiten Rand zu erhalten.

d) Machen Sie einen weiteren Satz aus 5 mit Öl bestrichenen Filoschichten und legen Sie sie über den Kuchen. Den Teig ein wenig zusammenkneten, um eine wellige, ungleichmäßige Oberfläche zu erhalten, und die Ränder so abschneiden, dass er den Kuchen gerade bedeckt. Großzügig mit Olivenöl bestreichen und 40 Minuten backen, bis der Filo eine schöne goldbraune Farbe annimmt. Aus dem Ofen nehmen und warm oder bei Zimmertemperatur servieren.

96. Acharuli Khachapuri

Macht: 6

ZUTATEN

TEIG

- 2 Tassen / 250 g Brotmehl
- 1½ TL schnell aufgehende aktive Trockenhefe
- 1 großes Freilandei, geschlagen
- ½ Tasse / 110 g griechischer Joghurt
- ¼ Tasse / 60 ml lauwarmes Wasser
- ½ TL Salz

FÜLLUNG

- 1½ oz / 40 g Halloumi-Käse, in 0,5 cm große Würfel geschnitten
- 2 EL / 20 g zerbröselter Feta-Käse
- ¼ Tasse / 60 g Ricotta-Käse
- ¼ Tasse / 60 g Ricotta-Käse
- ¼ TL zerstoßener schwarzer Pfeffer
- ⅛ TL Salz, plus etwas Salz zum Schluss
- ½ EL gehackter Thymian, plus etwas mehr zum Bestreuen
- ½ EL Za'atar
- abgeriebene Schale einer halben Zitrone
- 6 große Eier aus Freilandhaltung
- Olivenöl zum Servieren

ANWEISUNGEN

a) Beginnen Sie mit dem Teig. Das Mehl in eine große Rührschüssel sieben und die Hefe hinzufügen. Leicht mischen. Machen Sie eine Mulde in der Mitte und gießen Sie die Hälfte des Eies (behalten Sie die andere Hälfte zum späteren Bepinseln der Brötchen), Joghurt und das lauwarme Wasser hinein. Streuen Sie das Salz um den Brunnen herum.

b) Beginnen Sie mit dem Rühren der Mischung und fügen Sie bei Bedarf etwas mehr Wasser hinzu (nicht viel; dieser Teig sollte trocken sein), bis alles zu einem groben Teig zusammenkommt. Auf eine Arbeitsfläche geben und 10 Minuten mit der Hand kneten, bis ein weicher, elastischer Teig entsteht, der nicht klebrig ist. Geben Sie den Teig zurück in die Schüssel, decken Sie ihn mit einem Geschirrtuch ab und lassen Sie ihn 1 bis 1½ Stunden bei Zimmertemperatur gehen, bis sich sein Volumen verdoppelt hat.

c) Nochmals kneten, um die Luft herauszuschlagen. Teilen Sie den Teig in 6 gleiche Portionen und rollen Sie jede zu einer Kugel. Auf eine leicht bemehlte Fläche legen, mit einem Handtuch abdecken und 30 Minuten gehen lassen.

d) Für die Füllung alle Zutaten außer den Eiern und dem Olivenöl vermischen und gut verrühren. Legen Sie ein Backblech in den Ofen und heizen Sie es auf 220 °C vor.

e) Rollen Sie die Teigkugeln auf einer gut bemehlten Oberfläche zu Kreisen mit einem Durchmesser von 16 cm und einer Dicke von etwa 2 mm. Sie können dies mit einem Nudelholz oder durch Dehnen mit den Händen tun.

f) Etwa ein Sechstel der Käsefüllung auf die Mitte jedes Kreises geben und leicht nach links und rechts verteilen, sodass sie fast die beiden Ränder des Kreises erreicht. Nehmen Sie die rechte und die linke Seite zwischen Ihre Finger und drücken Sie sie zusammen, während Sie den Teig ein wenig dehnen, sodass ein länglicher, bootförmiger Teig mit dem Käse in der Mitte entsteht. Richten Sie die Seitenwände gerade aus und versuchen Sie, sie mindestens 3 cm hoch und breit zu machen, damit in der Mitte genügend Platz für den Käse und das ganze Ei bleibt, das später hinzugefügt wird. Drücken Sie die Enden noch einmal zusammen, damit sie sich beim Kochen nicht öffnen.

g) Bestreichen Sie die Brötchen mit dem restlichen halben Ei und legen Sie sie auf ein Blatt Backpapier in der Größe Ihres Backblechs. Streuen Sie einige Thymianblätter über die Brötchen. Nehmen Sie das Backblech aus dem Ofen, legen Sie schnell das Backpapier und die Brötchen auf die Pfanne und stellen Sie die Pfanne direkt wieder in den Ofen. 15 Minuten backen, bis die Ränder goldbraun sind.

h) Nehmen Sie das Backblech aus dem Ofen. Schlagen Sie ein Ei in eine kleine Tasse. Heben Sie das Eigelb vorsichtig mit den Fingern an, ohne es zu zerbrechen, und legen Sie es in die Mitte einer der Rollen. Gießen Sie so viel Eiweiß hinzu, wie hineinpasst, und wiederholen Sie den Vorgang mit den restlichen Eiern und Brötchen. Machen Sie sich keine Sorgen, wenn etwas Eiweiß überläuft; es ist alles Teil des rustikalen Charmes. Die Pfanne wieder in den Ofen stellen und 5 Minuten backen. Das Eiweiß sollte fest sein und das Eigelb sollte flüssig bleiben. Lassen Sie es 5 Minuten abkühlen, bevor Sie es mit Olivenöl beträufeln, mit Salz bestreuen und servieren.

97. Burekas

Ergibt: 18 KLEINES GEBÄCK

ZUTATEN

- 1 lb / 500 g Blätterteig bester Qualität, rein aus Butter
- 1 großes Freilandei, geschlagen

Ricotta-Füllung

- ¼ Tasse / 60 g Hüttenkäse
- ¼ Tasse / 60 g Ricotta-Käse
- ⅔ Tasse / 90 zerbröckelter Feta-Käse
- 2 TL / 10 g ungesalzene Butter, geschmolzen

PECORINO-FÜLLUNG

- 3½ EL / 50 g Ricotta-Käse
- ⅔ Tasse / 70 g geriebener gereifter Pecorino-Käse
- ⅓ Tasse / 50 g geriebener gereifter Cheddar-Käse
- 1 Lauch, in 5 cm große Stücke geschnitten, blanchiert, bis er weich ist, und fein gehackt (insgesamt ¾ Tasse / 80 g)
- 1 EL gehackte glatte Petersilie
- ½ TL frisch gemahlener schwarzer Pfeffer

SAMEN

- 1 TL Schwarzkümmelsamen
- 1 TL Sesamkörner
- 1 TL gelbe Senfkörner
- 1 TL Kümmel
- ½ TL Chiliflocken

ANWEISUNGEN

a) Rollen Sie den Teig in zwei 12 Zoll / 30 cm große Quadrate mit einer Dicke von jeweils ⅛ Zoll / 3 mm aus. Legen Sie die Blätterteigplatten auf ein mit Backpapier ausgelegtes Backblech – sie können übereinander liegen, mit einem Blatt Backpapier dazwischen – und lassen Sie sie 1 Stunde lang im Kühlschrank ruhen.

b) Geben Sie jeden Satz Füllzutaten in eine separate Schüssel. Mischen und beiseite stellen. Alle Samen in einer Schüssel vermischen und beiseite stellen.

c) Schneiden Sie jedes Teigblatt in 10 cm große Quadrate. Sie sollten insgesamt 18 Quadrate erhalten. Verteilen Sie die erste Füllung gleichmäßig auf die Hälfte der Quadrate und löffeln Sie sie in die Mitte jedes Quadrats. Bestreichen Sie zwei benachbarte Kanten jedes Quadrats mit Ei und falten Sie das Quadrat dann in zwei Hälften, sodass ein Dreieck entsteht. Drücken Sie die Luft heraus und drücken Sie die Seiten fest zusammen. Sie sollten die Ränder sehr gut andrücken, damit sie sich beim Kochen nicht öffnen. Mit den restlichen Teigquadraten und der zweiten Füllung wiederholen. Auf ein mit Backpapier ausgelegtes Backblech legen und mindestens 15 Minuten im Kühlschrank ruhen lassen, damit es fester wird. Heizen Sie den Ofen auf 220 °C vor.

d) Bestreichen Sie die beiden kurzen Ränder jedes Teigs mit Ei und tauchen Sie diese Ränder in die Samenmischung. Eine kleine Menge Samen mit einer Breite von nur 2 mm genügt, da sie ziemlich dominant sind. Bestreichen Sie die Oberseite jedes Teigstücks ebenfalls mit etwas Ei, wobei Sie die Kerne aussparen.

e) Stellen Sie sicher, dass die Teigstücke einen Abstand von etwa 3 cm haben. 15 bis 17 Minuten backen, bis alles rundherum goldbraun ist. Warm oder bei Zimmertemperatur servieren. Sollte beim Backen etwas Füllung aus dem Gebäck herauslaufen, stopfen Sie es einfach vorsichtig wieder hinein, wenn es abgekühlt genug ist, um es anfassen zu können.

NACHTISCH

98. Süße Filo-Zigarren

Ergibt: ca. 12 Zigarren

ZUTATEN
- 1 Tasse / 80 g gehobelte Mandeln
- ½ Tasse / 60 g ungesalzene Pistazien, plus extra zerstoßene Pistazien zum Garnieren
- 5 EL Wasser
- ½ Tasse / 80 g Vanillezucker
- 1 großes Freilandei, getrennt, weiß geschlagen
- 1 EL abgeriebene Zitronenschale
- Filoteig, in zwölf 18 cm große Quadrate schneiden
- Erdnussöl, zum Braten
- ½ Tasse / 180 g hochwertiger Honig

ANWEISUNGEN

a) Mandeln und Pistazien in einer Küchenmaschine zu einer feinen Paste verarbeiten. Die Erdnüsse in eine Pfanne geben und 4 Esslöffel Wasser und Zucker hinzufügen. Bei sehr schwacher Hitze ca. 4 Minuten kochen, bis sich der Zucker aufgelöst hat. Nehmen Sie die Pfanne vom Herd, geben Sie das Eigelb und die Zitronenschale hinzu und rühren Sie alles unter die Mischung.

b) 1 Teigblatt auf eine saubere Unterlage legen. Verteilen Sie etwa 1 Esslöffel der Nussmischung in einem dünnen Streifen entlang der Kante, die Ihnen am nächsten liegt, und lassen Sie auf der linken und rechten Seite ¾ Zoll / 2 cm frei. Falten Sie die beiden Seiten über die Paste, um sie an beiden Enden festzuhalten, und rollen Sie sie von sich weg, um eine kompakte Zigarre zu erhalten. Den oberen Rand einschlagen und mit etwas geschlagenem Eiweiß verschließen. Mit dem Teig und der Füllung wiederholen.

c) Gießen Sie so viel Öl in eine Bratpfanne, dass der Rand 2 cm hoch ist. Das Öl bei mittlerer bis hoher Hitze erhitzen und die Zigarren auf jeder Seite 10 Sekunden lang goldbraun braten.

d) Legen Sie die Zigarren auf einen mit Papiertüchern ausgelegten Teller und lassen Sie sie abkühlen. Den Honig und den restlichen 1 Esslöffel Wasser in einen kleinen Topf geben und zum Kochen bringen. Wenn Honig und Wasser heiß sind, tauchen Sie die abgekühlten Zigarren eine Minute lang leicht in den Sirup und rühren Sie vorsichtig um, bis sie gut bedeckt sind. Herausnehmen und auf einem Servierteller anrichten. Mit den zerstoßenen Pistazien bestreuen und abkühlen lassen.

99. Ghraybeh

Ergibt: ca. 45 Kekse

ZUTATEN

- ¾ Tasse plus 2 EL / 200 g Ghee oder geklärte Butter aus dem Kühlschrank, damit es fest wird
- ⅔ Tasse / 70 g Puderzucker
- 3 Tassen / 370 g Allzweckmehl, gesiebt
- ½ TL Salz
- 4 TL Orangenblütenwasser
- 2½ TL Rosenwasser
- ca. 5 EL / 30 g ungesalzene Pistazien

ANWEISUNGEN

a) In einer Küchenmaschine mit Schneebesen das Ghee und den Puderzucker 5 Minuten lang schaumig rühren, bis die Masse schaumig, cremig und hell ist. Ersetzen Sie den Schneebesen durch den Rühraufsatz, fügen Sie Mehl, Salz sowie Orangenblüten- und Rosenwasser hinzu und verrühren Sie alles gut 3 bis 4 Minuten lang, bis ein gleichmäßiger, glatter Teig entsteht. Den Teig in Frischhaltefolie einwickeln und 1 Stunde kalt stellen.

b) Heizen Sie den Ofen auf 350 °F / 180 °C vor. Schneiden Sie ein etwa 15 g schweres Stück Teig ab und rollen Sie es zwischen Ihren Handflächen zu einer Kugel. Etwas flach drücken und auf ein mit Backpapier ausgelegtes Backblech legen. Wiederholen Sie den Vorgang mit dem Rest des Teigs, indem Sie die Kekse auf mit Backpapier ausgelegten Blechen anordnen und dabei einen guten Abstand zueinander einhalten. Drücken Sie 1 Pistazie in die Mitte jedes Kekses.

c) 17 Minuten backen, dabei darauf achten, dass die Kekse keine Farbe annehmen, sondern nur durchbacken. Aus dem Ofen nehmen und vollständig abkühlen lassen. Bewahren Sie die Kekse in einem luftdichten Behälter bis zu 5 Tage auf.

100. Mutabbaq

Macht: 6

ZUTATEN

- ⅔ Tasse / 130 g ungesalzene Butter, geschmolzen
- 14 Blätter Filoteig, 12 x 15½ Zoll / 31 x 39 cm
- 2 Tassen / 500 g Ricotta-Käse
- 9 oz / 250 g weicher Ziegenkäse
- zerstoßene ungesalzene Pistazien zum Garnieren (optional)
- SIRUP
- 6 EL / 90 ml Wasser
- gerundete 1⅓ Tassen / 280 g feinster Zucker
- 3 EL frisch gepresster Zitronensaft

ANWEISUNGEN

a) Heizen Sie den Ofen auf 450 °F / 230 °C vor. Ein Backblech mit flachem Rand (ca. 28 x 37 cm) mit etwas geschmolzener Butter bestreichen. Breiten Sie ein Filoblatt darauf aus, stecken Sie es in die Ecken und lassen Sie die Ränder überstehen. Alles mit Butter bestreichen, mit einem weiteren Blatt belegen und erneut mit Butter bestreichen. Wiederholen Sie den Vorgang, bis Sie 7 gleichmäßig gestapelte Blätter haben, die jeweils mit Butter bestrichen sind.

b) Ricotta und Ziegenkäse in eine Schüssel geben und mit einer Gabel gut vermischen. Auf dem oberen Filoteigblatt verteilen und am Rand 2 cm frei lassen. Die Oberfläche des Käses mit Butter bestreichen und mit den restlichen 7 Filoblättern belegen, jedes nacheinander mit Butter bestreichen.

c) Schneiden Sie mit einer Schere etwa 2 cm vom Rand ab, ohne den Käse zu erreichen, damit er gut im Teig eingeschlossen bleibt. Schieben Sie die Filo-Ränder mit den Fingern vorsichtig unter den Teig, um einen sauberen Rand zu erhalten. Rundum mit mehr Butter bestreichen. Schneiden Sie die Oberfläche mit einem scharfen Messer in etwa 7 cm große Quadrate, sodass das Messer fast bis zum Boden reicht, aber nicht ganz. 25 bis 27 Minuten backen, bis es goldbraun und knusprig ist.

d) Während der Teig backt, bereiten Sie den Sirup zu. Wasser und Zucker in einen kleinen Topf geben und mit einem Holzlöffel gut vermischen. Bei mittlerer Hitze zum Kochen bringen, den Zitronensaft hinzufügen und 2 Minuten leicht köcheln lassen. Vom Herd nehmen.

e) Gießen Sie den Sirup langsam über den Teig, sobald Sie ihn aus dem Ofen nehmen, und achten Sie darauf, dass er gleichmäßig einzieht. 10 Minuten abkühlen lassen. Eventuell mit den zerstoßenen Pistazien bestreuen und in Portionen schneiden.

ABSCHLUSS

Herzlichen Glückwunsch zum Abschluss des Jerusalem-Kochbuchs! Wir hoffen, dass Ihnen dieses Kochbuch einen Eindruck von den reichen und vielfältigen kulinarischen Traditionen Jerusalems vermittelt und Sie dazu inspiriert hat, die einzigartige Küche der Stadt zu erkunden.

Mit 100 leckeren Rezepten, begleitet von farbigen Bildern und Geschichten von Einheimischen und Lebensmittelexperten haben wir versucht, dieses Kochbuch so umfassend wie möglich zu gestalten. Egal, ob Sie ein Fan traditioneller palästinensischer Gerichte oder israelischer Streetfoods sind, wir hoffen, dass Sie etwas gefunden haben, das Ihrem Geschmack entspricht.

Vielen Dank, dass Sie uns auf dieser kulinarischen Reise ins Herz des Nahen Ostens begleiten. Wir hoffen, dass das Jerusalem Cookbook Ihnen dabei geholfen hat, das reiche kulturelle Erbe und die Traditionen Jerusalems durch seine köstliche Küche kennenzulernen. Viel Spaß beim Erkunden und Experimentieren mit den Aromen und Techniken, die Sie erlernt haben, und möge Ihre Küche mit den Aromen der lebendigen Küche Jerusalems erfüllt sein!

Ingram Content Group UK Ltd.
Milton Keynes UK
UKHW020718060623
422949UK00008B/47